당신의 보험을
바로잡아드립니다

보험료는 줄이고 보장액은 키우는 똑똑함 보험설계

당신의 보험을 바로잡아드립니다

초판 1쇄 발행 2019년 6월 30일
초판 2쇄 발행 2019년 8월 26일

지은이 최성진

발행인 백유미 조영석
발행처 (주)라온아시아
주소 서울특별시 서초구 효령로 34길 4, 프린스효령빌딩 5F

등록 2016년 7월 5일 제 2016-000141호
전화 070-7600-8230 **팩스** 070-4754-2473

값 13,800**원**
ISBN 979-11-89089-98-6 (13320)

라온북은 독자 여러분의 소중한 원고를 기다리고 있습니다. (raonbook@raonasia.co.kr)

보험료는 줄이고 보장액은 키우는 똑똑한 보험설계

당신의 보험을 바로 잡아드립니다

INSURANCE REDESIGN

최성진 지음

RAON BOOK

보험, 신경 쓰는 만큼 보상액이 달라진다

30대 후반 심리 상담을 받았을 때 담당 선생님은 내게 이렇게 말했다.

"성진 씨는 정말 사람을 좋아하네요. 사람이 삶의 중심인 분이라고 해도 되겠어요."

심리 상담 문항에 답한 결과지를 놓고 하신 말씀이었다. 그때부터 나는 사람 중심의 설계사라는 타이틀을 스스로에게 붙였다. 내가 책을 집필하게 된 이유도 사람을 좋아하고 인간을 중심에 두는 나의 강점을 필요로 하는 고객이 생각보다 많다는 생각에서였다. 보험 일을 하면 할수록 보험설계사의 역할이 얼마나 중요한지를 깨닫게 된다. 보험 일을 하는 사람은 많지만 일하는 방식은 모두가 다른 까닭이다.

어릴 때는 사회복지사가 돼서 필요한 사람들에게 힘이 되어주고 싶다고 생각했다. 지금도 그 생각에는 변함이 없다. 다만 도움을 주는 일이 반드시 사회복지사가 아니어도 된다고 생각할 뿐이다. 어떤 자리에 있든 사람들에게 도움을 줄 수 있는 일은 반드시 있는 법이니까.

서른네 살, 싱글 맘으로 딸아이와 세상에 나오다

딸아이가 다섯 살이 채 되지 않았을 때 이혼을 했다. 오로지 내 힘으로 아이를 키워야 했다. 아이가 유치원에 가 있는 동안 집에서 전기부품 조립하는 일을 했다. 온 집 안을 꽉 채울 정도로 어지럽게 늘어놓고 한 달을 꼬박 일해도 15만~20만 원 벌이가 고작이었다. 그래서 저녁 시간에 야식집에서 설거지를 하거나 배달 일을 했다. 그러던 어느 날 모텔에 배달을 나갔다가 남자 손님이 속옷 차림으로 있는 것을 본 뒤로는 곧바로 배달 일을 그만두었다.

생존을 위한 진정한 독립이 시작되었지만 내가 할 수 있는 일은 많지 않았다. 주간과 야간을 번갈아가면서 해야 하는 2교대 생산직도, 골프장 캐디 업무도, 식당 서빙 업무도 딸아이를 돌보는 시간과 여건 모두 맞지 않았기 때문에 장기적으로 할 수가 없었다. 그런데 엎친 데 덮친 격으로 딸아이가 아데노이드(adenoid) 수술을 해야 했다. 인두를 보호하는 인두편도 기관이 비대해지면서 아이는 호흡하는 것을 힘들어했다. 호흡도 호흡이지만 정상적인 신체발육에 영향을 줄 수 있으니 일찍 수술하는 것이 낫다는 의사의 소견에 나는 여섯 살 아이를 수술대에 눕혔다. 수술 직후 회복실에 누워 있는 아이를 보면서 '어떻게든 아이 곁에 있어야겠다'라고 마음먹고 대출을 받아 의정부에서 분식집을 차렸다. 가게 앞에 고등학교가 있어 장사가 잘될 것이라 기대했다. 그러나 혼자서 그 많은 메뉴를 소화하는 것 자체가 불가능했다. 게다가 날이 갈수록 손님이 점점 줄어들었다. 불안한 마음에 주말에는 유원지에서 아이스크림을 팔았고, 새벽에는 토스트를 팔았다. 그렇게 했지만 결국 1년도 채 안 되어 문을 닫아야 했다. 대출금과 이자, 딸아이 유치원 비용 때문에 당장 직장을 잡지 않으면 안 되었다. 그러다 당시 눈에 들어온 광고를 보고 보험회사 면접을 보게 되었고, 한 달간의 교육을 통해 보험의 중요성을 크게 느끼게 되었다. 그 한 달의 시간은 내 머릿속에 아직도 선명하게 남아 있다. "보험은 사람을 살리는 일이다. 사망보험금 하나라도 누군가에게는 필요한 보험이다"라는 말을 노트에 적어 내려갔다. 처음으로 보험의 필요성을 마음으로 느낄 수 있는 시간이었고 아직도 내 기억에 여운으로 남아 있는 말이다.

설계사가 인정하는 설계사가 되기 위하여

2006년 보험을 처음 시작했을 때 내가 고객에게 할 수 있는 일은 고객한테 필요한 보험을 선택해주는 것이었다. 그렇게 선택된 보험이 고객에게 도움이 되는 순간에 느끼는 보람은 그 어떤 말로도 형용할 수 없는 큰 기쁨이었다. 어린 시절부터 느꼈던 '사람들에게 힘이 되어주는 일'이 바로 이런 게 아닐까.

하지만 보험회사는 영리를 추구하는 구조이기 때문에 설계사를 통해 보험회사에 이득이 되는 상품을 판매하도록 유도한다. 영업에 의한, 영업 실적을 위한, 영업 결과를 위한 시스템이라고 해도 과언이 아닌 것이다. 사람 중심의 상담과 고객을 위한 설계를 할 수 없는 한계에 부딪쳤을 때 나는 고객에게 도움이 되는 보험을 선택하기 위해 GA(General Agency, 독립법인대리점)로 이직했다.

GA는 보험회사와 계약을 맺고 보험 판매를 전문으로 하는 대리점을 말한다. 따라서 특정 보험회사나 특정 상품을 판매해야 한다는 강요를 받지 않는다. 오히려 보험회사와 보험 상품들을 비교할 수 있기 때문에 영업의 범위가 훨씬 넓다. GA로 활동하게 되자 보험회사들이 서로 경쟁을 위해 좋은 상품을 내놓으려고 노력하는 것이 느껴졌다. 다만 보험회사의 이득을 위한 상품과 고객을 위한 상품을 구별하는 것은 설계사가 해야 할 몫이다.

가수는 노래만 잘해서는 안 된다. 무대 매너, 목소리, 성량, 정확한 발성 등 여러 가지 재능을 수월하게 해내야 훌륭한 가수로 성공할 수 있다. 보험설계도 마찬가지다. 보험의 여러 기능을 잘 파악하고 고객에 맞게 자유자재로 설계할 줄 아는 설계사가 있다. 그들은 정말로 고객에게 필요한 보장이 어떤 보장인지 정확하게 찾아낸다. 본인의 설계 수당에만 연연하는 설계사는 단순한 영업자일 뿐이지만 고객에게 맞춤 설계를 해주는 설계사는 실력뿐 아니라 사람을 중심에 두는 설계의 가치를 아는 사람이다. 이들은 보험에 대한 끊임없는 관심과 노력을 바탕으로 고객을 위한 맞춤 설계를 찾아낸다.

마음 쓰는 만큼 달라진다

이 책은 총 4장으로 구성되었다. 1장과 2장에는 보험 일을 하게 되기까지의 과정과 노력을 담았다. 사람 중심의 설계란 무엇인지, 어떤 방식으로 고객과 현장에서 소통했는지 사례별로 소개했다. 3장에서는 보험에 대해 알아야 할 핵심 사항을 정리해 담았다. 보험이 중요하다는 인식은 있지만 고민만 하는 신규 고객들이 반드시 알아야 할 항목을 소개하였다. 4장에서는 이미 보험에 가입되어 있지만 본인의 설계가 어떤 보장을 받는지 모르는 고객, 보험료에 맞게 보장이 이루어졌는지 궁금한 고객, 아는 설계사를 통해서 가입은 했지만 어떤 보험인지 잘 모르는 기존 고객들을 위해 필요한 내용을 담았다.

신규로 보험을 드는 사람이 무엇보다 명심해야 할 사항은 끝까지 유지할 보험을 드는 것이다. 매우 기본적인 이야기 같지만 의외로 이 사항을 염두에 두는 가입자가 적다. 보험은 중간에 해지하지 않는 한 고객이 손해를 볼 일이 별로 없는 상품이다.

보험에 이미 가입한 고객이라면 정확한 분석을 받아야 한다. 무조건 해지하게 되면 정작 중요한 보장을 놓칠 수 있다. 반대로 정작 필요한 보장이 없는 보험을 계속 유지한다면 오히려 보장받을 일이 생겼을 때 쓸 수가 없어 납입한 보험료가 금융 손실로만 끝날 수 있다. 이런 이유로 이미 보험료를 납입해온 기간과 앞으로 보험료를 납입해야 할 기간을 철저하게 계산하고 고객의 현재 상황에 맞는 플랜을 고려해 점검해야만 큰 손실을 줄일 수 있다.

고객들은 대개 생각보다 많은 보험료를 납입하고 있다. 어떤 사람은 외제차 몇 대를 구입하고도 남을 액수가 보험료로 나가는 경우도 있다. 몇만 원 하는 제품 하나를 살 때도 이곳저곳 발품을 팔고 인터넷에서 가격 비교를 하며 물건을 구입하는 게 요즘 사람들이다. 하물며 몇십 년을 부어야 하는 보험상품은 어떨까? 하지만 사람들은 정작 보험에 가입할 때는 선뜻 쉽게 결정하는 경향이 있다. 보험상품 가입 시 오로지 설계사만 믿고 맡긴다면 고객은 자신의 권리와 의무 모두를 떠

넘기는 셈이다. 고객이 마음을 쓰게 되는 만큼 보험의 설계와 보상은 달라질 수 있다는 사실을 꼭 기억해야 한다. 모든 사람의 감정이 다르고 생각이 다른 탓에 해석 또한 다를 수 있다는 마음에 책을 출간하는 결정이 쉽지만은 않았다. 하지만 사람을 좋아하는 내게 마음을 열고 싶은 고객이 있으리라는 생각에 '망설임'을 '용기'로 바꿀 수 있었다.

이 책을 출간하기까지 많은 이의 격려가 있었다. '사람 중심' 설계를 제대로 물려받은 동생 최민주 팀장의 응원과 격려에 감사함을 표한다. 더불어 현재 내가 근무하는 ㈜글로벌금융판매 지용근, 문용철 대표님께도 항상 응원해주시고 지원해주셔서 감사하다는 말씀을 꼭 전하고 싶다. 특히 내가 책을 준비하는 동안 많은 도움을 주신 아버지 최찬옥, 어머니 이선희 여사, 막내동생 최성예, 검사가 꿈인 딸아이 김유리의 응원 덕분에 집필하는 내내 행복한 마음이 컸다. 모두 고맙고 감사하다.

끝으로 고객의 보험금 청구에 늘 힘써주시는 이정표 손해사정사님, 고객관리에 최선을 다하시는 민뉴리 총무님, 집필하는 동안 많은 조언과 격려를 해주신 라온북 관계자분들께도 감사함을 표한다. 그린알로에 조수정 지점장님과 다둥이 엄마 송영아님께도 언제나 응원해주셔서 감사하다는 말씀을 꼭 전하고 싶다.

앞으로도 고객이 이해하기 쉬운 보험, 고객의 상황에 꼭 맞춘 사람 중심 보험을 지켜가기 위해 최선을 다할 것이다.

최성진

| CONTENTS |

3장 신규 보험은 애초에 유지 가능하게 설계한다

4장 기존 보험은 점검하여 바로잡는다

INSURANCE

1장

REDESIGN

제대로 든 보험 하나가 큰돈 지출을 막는다

보험으로 아픈
친정 엄마를 지켜주다

자신이 들었던 보험을 고객에게 권하라

“고객님, 의료실비는 가입해두셨나요?”

여느 때처럼 고객과 상담하면서 나는 의료실비를 가입해둔 게 있는지 고객에게 물었다.

의료실비에 대해 물어보면 대부분의 고객이 “의료실비보험이 뭔가요?” 혹은 “의료실비는 화재보험 아니에요?”라고 되묻는 경우가 많았다.

2006년 보험 일을 시작하던 당시에 내가 소속된 보험회사에는 의료실비가 없었다. 그런데 나는 이 보험이야말로 반드시 필요할 거라고 생각해 나와 가족 모두를 해당 보험상품이 있는 회사에 가입시켜둔 상태였다. 그래서 일로 만나는 고객들에게 우리 회사의 상품과는 별도로 의료실비에 대해 자신 있게 말하고 다녔다. 이 때문에 함께 일하는 설계사들도 내가 설명하는 의료실비에 관심을 보이며 오히려 나한테 상담을 요청해왔다. 자연스럽게 내가 가입한 의료실비 담당자를 연결해주는 일이 잦았다.

평소 나는 다른 설계사들보다 상담 시간이 긴 편이다. 한 개의 상품만 가입하고자 하는 고객일지라도 정말로 그 상품이 그분에게 필요한지 알기 위해서는 많은 대화가 필요하기 때문이다. 그렇게 오랜 시간 이야기를 나누다 보면 사적인 이야기가 오가면서 때론 고객과 같이 눈물을 흘리는 일도 많았다.

사람 좋아하고 정이 많은 나한테는 이런 고객과의 감정적인 소통과 관계가 무척 행복했다. 아마도 정말 가족 같은 감정이 느껴졌는지도 모르겠다. 그래서인지 50~60대 어머님들부터 아버님들까지 나이가 많은 고객과도 대화가 잘 통했다.

그렇게 보험 일을 시작하고 1년이 지났을 때 나는 친정엄마한테 건강검진을 권했다. 보험 일을 하고 많은 고객들을 만나면서 아픈 사람들이 너무 많다는 걸 느껴서였다. 그때까지 한 번도 건강검진을 받아보신 적이 없던 엄마는 내심 귀찮아했지만 내 고집과 성화에 못 이기는 척 피검사만 받으셨다. 그리고 며칠 후 나온 결과는 충격적이었다. 단백뇨가 검출되었던 것이다. 단백질이 소변으로 빠져나가는 단백뇨는 신장질환과도 밀접한 관계가 있기 때문에 단순하게 볼 문제만은 아니었다. 의사는 한동안 지켜보다가 3개월 후에 다시 검사해봐서 그때도 단백뇨가 나오면 큰 병원으로 가볼 것을 권했다. 우리 가족은 모두

긴장했다.

3개월의 시간이 흐르고 다시 피검사를 받았다. 결과는 똑같았다. 더 이상 지체할 시간이 없었다. 엄마는 종합병원에서 검사를 받았다. 가족 모두 걱정과 불안함에 떨었다.

종합병원 결과는 더 최악이었다. 만성신부전증……. 누구나 몸 안에 두 개가 있는 콩팥, 즉 신장이라 불리는 그 기관에 문제가 생겼다. 더 진행이 되면 투석을 받아야 한다고 했다. 우리 가족한테는 말 그대로 청천벽력이었다. 아무런 증상도 없던 엄마가 만성신부전증이라는 걸 알게 된 순간부터 그동안 엄마에게 가지고 있었던 모든 서운함과 원망이 눈 녹듯 사라져버렸다. 어떻게 하면 엄마가 좋아질 수 있을지 오직 그 생각뿐이었다.

고객과 상담하면서도 머릿속은 온통 엄마에 대한 생각으로 가득 차 있었다. 게다가 한 움큼이나 되는 병원 약도 먹기 힘든데 먹는 음식에 대한 제약은 왜 그렇게 많은지……. 칼륨 성분이 들어 있는 음식들은 엄마한테 독이었다.

예를 들면 시금치를 먹을 때 우리는 끓는 물에 데쳐서 소금 간을 하고 먹지만 엄마는 그렇게 데친 시금치도 몇 시간 물에 담가둬야 했다. 좋아하는 상추도 몇 시간 물에 담가야 했고, 과일은 먹을 수 있는 게 거의 없었다. 유난히 과일을 좋아하는 엄마에게 그건 정말 참기 힘든 고통이었다. 지금은 익숙해져서 잘 참아내는 편이지만 그렇게 되기까지 엄마는 못 먹는 고통으로 힘든 시간을 보내야 했다.

엄마를 지킨 보험으로 고객도 지키겠다고 생각하다

눈물을 흘리는 날이 많아졌고 일이 손에 잡히지 않는 날이 많아졌다. 엄마라는 말만 들어도 눈물이 핑 돌았다. 지금까지 엄마한테 했던 못된 행동들이 필름처럼 머리를 스쳐가고 있었다. 하지만 긴 병에 효자 없다는 말이 맞았다. 생각만큼 몸이 따라주지 않기도 했지만 어느 순간 나도 가족들도 엄마의 병환을 받아들이기 시작했다.

엄마는 사회활동을 많이 하는 분이셨지만 만성신부전증 진단을 받고는 모든 활동을 접었다. 청소년, 아동 관련 봉사활동을 도맡아 하던 자랑스러운 엄마가 밖에 나가서 사람들과 식사하는 일조차 부담스러워하셨다. 이것저것 먹지 말아야 하는 음식이 너무 많기 때문에 엄마는 다른 사람들한테 민폐가 되는 게 싫다고 하셨다. 그리고 식사 후에는 바로 약을 드셔야 했는데, 그 모습을 타인에게 보이길 싫어하셨다. 다른 사람들 눈에 환자로 비치는 게 싫었던 것이다.

딸아이가 고등학교에 입학할 무렵 나는 동생과 함께 아이 고등학교 가까운 곳으로 이사했다. 그나마 가까운 곳에서 살던 우리가 멀리 떨어지게 되자 엄마는 무척 허전해하셨다. 생각 끝에 부모님 집도 이사하기로 했다. 오래된 주택이라 추운 겨울을 나기도 마땅치 않았던 것이다. 마침 입주 날짜가 안 맞아 부모님이 우리 집에서 3개월 정도 함께 살게 되었다. 다행히 주택이어서 부모님은 좋아하셨다. 아빠는 집 안 곳곳 수리를 하시고 주인집에서 가꾸는 텃밭에 행복해하셨다. 엄마는 외출하지는 않으셨지만 살림을 맡아 하시면서 가족의 식단을 책임지셨다. 그런데 어느 날부터 엄마 얼굴에 부기가 보이기 시작했다. 나는 병원에 가보시라는 말만 하고는 출근하느라 바쁘게 지냈다.

그러던 어느 날 새벽이었다. 웬만하면 자는 우리를 깨우지 않던 엄마가 배가 많이 아프시다면서 동생을 깨웠다. 그 길로 동생은 엄마를 모시고 병원 응급실로 향했다. 출근 준비를 하던 중에 동생에게서 전화가 왔다.

"언니, 엄마 위독하시대. 나 무서워, 언니……. 빨리 와."

울먹이는 동생의 전화를 끊자마자 곧장 병원으로 달려갔다. 최근에 얼굴이 붓는 것 같아서 병원에 가보시라 말만 했던 내가 너무 원망스러웠다.

'엄마, 죽지 마. 꼭 살아야 해. 내가 앞으로 잘할게.'

주문을 외우며 병원에 도착했다. 병원에서는 당장 투석을 하지 않으면 안 된다고 했다. 시간이 없기 때문에 일단 목에 관을 넣어야 했다. 엄마는 너무 아픈 와중에도 그 사실이 충격이었는지 매우 불안해하셨다. 엄마의 그런 얼굴은 태어나서 처음이었다. 엄마는 공포에 떨고 있었다. 불안해하는 엄마에게 내가 해줄 수 있는 건 엄마가 좋아하시는 음악을 틀어 이어폰을 끼워드리는 것뿐이었다.

조금은 진정된 엄마에게 우리는 현재의 상황을 이야기했고 엄마는 눈물을 흘렸다. 동생과 나는 눈물을 참아야 했지만 결국 터지고 말았다. 그렇게 엄마는 위독한 시간을 넘겼다.

엄마가 입원해 있는 동안 동생들이 나한테 "언니 혹시 엄마 보험 들어놓은 것 있어?"라고 물었다.

그때서야 나는 '아 맞아, 보험회사에 전화해봐야지' 하고 생각했다.

아빠는 병원비 걱정에 시골 땅을 팔아야겠다고 하셨다. 그 땅은 아빠와 엄마의 노후에 남은 유일한 재산이었다. 큰딸이 보험회사에 들어갔어도 어떤 걸 하는지 모르셨기 때문에 걱정이 태산이었다. 동생들도 언니가 보험 일을 하지만 정확히 어떤 도움이 되는지 몰라서 불안해하고 있었다.

엄마는 한 달 만에 퇴원을 하셨다. 상당한 병원비를 내고도 보험금이 남았다. 아빠, 엄마, 동생들은 아직까지도 "언니가 보험 일을 안 했으면 어쩔 뻔했어" 하는 말을 자주 한다.

엄마는 일주일에 세 번씩 혈액 투석을 받으시지만 많이 밝아지셨다. 지금은 주민센터에 운동하러 다니시고 친구분들과도 잘 어울리신다.

"딸 덕분에 이렇게 도움을 받는다" 하시며 좋아하실 때마다 '내가 보험 일을 시작하게 된 건 하늘의 뜻'이라고 함께 일하는 친동생과 웃으며 이야기하곤 한다. 이 일을 계기로 내 가슴에는 보험으로 엄마를 지킬 수 있었던 것처럼 나의 고객 역시 지킬 수 있다는 생각이 자리 잡게 되었다.

지금 상황에
꼭 필요한 상품을 찾는다

회사가 아니라 고객을 위해 영업한다

월초가 되면 내 휴대폰은 문자와 알림으로 바빠진다. 각 보험회사들이 내놓는 영업 방향과 이슈들 그리고 설계사들이 좋아하는 시책에 관련된 공지가 뜨기 때문이다.

한 회사의 상품만 취급하는 일반적인 보험설계사와 달리 GA 설계사들은 30개 이상의 생명보험과 손해보험 금융상품을 판매한다. 그래서 각 보험회사의 매니저나 지점장을 통해서 다양한 정보를 얻는다. 보험회사들은 경쟁력 있는 상품들을 내놓고 설계사들에게 자사 상품의 장점을 설명해준다.

수많은 보험회사의 상품들을 파악하는 게 쉬운 일은 아니며 각 보험회사의 전산 또한 모두 달라 GA보험회사에 쉽게 입사하지 못하는 설계사들도 있다. 하지만 나는 매달 새롭게 바뀌는 상품과 각 보험회사의 경쟁으로 생긴, 고객이 득을 볼 수 있는 상품을 찾아내는 것이 매우 흥미롭다.

보험 리모델링을 진행하던 때의 일이다. 부부와 유치원생 아들까지 총 3인의 보험을 살펴보는 일이었다. 나름대로 꼼꼼한 성격의 30대 여성 고객과 다섯 차례 만남을 갖고서야 완전한 리모델링을 해낼 수 있었다. 그런데 H회사 매니저가 전화를 해왔다.

"실장님, 이번에 가입하는 고객의 보험료가 9만 원이던데 이대로 계약하실 거예요?"

나는 그렇다고 했다.

"1만 원만 더 넣으시면 10만 원에 해당하는 시책을 받을 수 있는데 제가 보험료 맞춰드릴까요?"

보통 보험회사 시책은 5만 원, 10만 원, 15만 원, 20만 원 등 5만 원 단위의 구간별 시책이 대부분이다. 다시 말해 5만 원의 계약을 체결하면 추가로 5만 원의 현금을 받고 10만 원의 계약을 체결하면 추가로 10만 원의 현금을 받는 식이다. 내가 계약하려는 9만 원은 10만 원에는 미치지 못하므로 1만 원만 더 보험료를 높여 5만 원이 아닌 10만 원의 현금 시책을 받으라는 이야기였다.

매니저는 나를 위해서 좋은 뜻으로 얘기하는 듯했다. 하지만 나는 괜찮다고 말했다. 그렇게 하려면 내 성격에 모든 담보 내용을 검토해서 그나마 또 필요한 걸 찾아야 하고, 고객의 보험료는 단돈 1,000원이든 1만 원이든 올라갈 수밖에 없을 것이다. 내 이득을 따지면 좋았지만 20년을 납입해야 하는 고객 입장에서는 결코 무시할 수 없는 액수였다.

나의 이런 성향을 아는 몇몇 회사 매니저들은 내 반응에 으레 그러려니 한다. 물론 속으로는 답답해할 게 분명하다. 혼자 고객을 위하는 척한다거나 융통성이 없다고도 할 것이다. 하지만 나는 고객과 오래가는 관계가 되고 싶다. 그러려면 나와 가족이 보험에 가입하듯 정성을 들여야 한다.

내가 정말 영업을 목적으로 하는 부분은 따로 있다. 요즘 고객들은 병원에 잘 가는 편이다. 그리고 보험회사에 보험금을 청구하는 일도 잘한다. 이때 보험회사는 심사를 해서 고객에게 보험금을 지급한 뒤 기록을 남겨 보관한다. 이런 경우 고객이 이후 보험 리모델링을 하려고 하면 기존의 병원 기록 때문에 리모델링에 애로사항이 생긴다. 나는 이런 방식으로 고객에게 부담보가 생기는 게 너무나 싫다.

부담보는 특정 신체 부위가 말 그대로 특정 기간 혹은 보험 기간이 끝날 때까지 아예 보장이 안 된다는 뜻이다. 특히 우리나라는 남녀노소 디스크 진단이 많은 편이다. 그러면 척추 전체를 보장받지 못하는 경우가 생겨버린다. 보험을 보장받는 기간 동안 척추로 인한 질병, 예를 들어 목뼈(경추), 등뼈(흉추), 허리뼈(요추), 엉치뼈(천추) 등 척추로 연결된 많은 부분들은 전혀 보장받을 수 없게 되는 것이다. 척추 관련 암을 진단받아도 의사의 질병 코드가 척추와 관련되어 있으면 보장이 되지 않기 때문에 부담보는 고객에게 그만큼 불리하다.

이 부담보를 피하기 위해서 나는 각 보험회사를 뒤지며 많은 상품들을 찾아본다. GA보험이 좋은 점은 바로 여러 상품들을 비교할 수 있다는 것이다. 이때 나는 짜릿한 스릴을 느낀다. 그렇게 온전한 리모델링을 만들었을 때 나는 어깨에 힘이 들어가고 고객이 만족해하는 그 모습을 볼 때 보험 일에 대한 희열을 느낀다.

그래서 내가 하는 영업은 고객을 대상으로 하는 게 아니라 보험회사를 대상으로 한다. 수많은 상품 중 내 선택을 받는 상품이 되어야 고객에게도 전달될 수 있다. 그러려면 보험사들이 경쟁력 있는 상품을 많이 갖고 있어야 한다. 실제로 인기 있는 상품이 생기면 다른 보험회사들도 따라 하기 마련이므로 각 보험회사는 보험 영업 현장에서 내는 설계사들의 목소리에 귀를 기울일 필요가 있다.

그렇게 조목조목 따지고 비교해서 고객이 안전하게 보장받을 수 있는 설계를 하게 됐을 때 나는 비로소 마음이 편안해진다. 이런 나를 보고 친한 언니는 '뼛속까지 보험인'이라고 말한 적이 있다. 고객을 위한 리모델링에 성공할 때마다 그 언니가 했던 말이 생각나서 웃을 때가 있지만, 나는 그 말이 듣기 좋다.

보험은 고객에게 주는 선물이다

생각해보면 세상에 영업이 아닌 관계는 없는 것 같다. 다만 그 방법에 착함과 나쁨이 있을 뿐이다. 딸아이가 고등학교 1학년 때 일이었다. 딸아이는 공부를 열심히 했지만 생각보다 성적이 나오지 않았다.

그래서 딸아이가 도움을 받을 수 있을 만한 학원에 보내고 싶었다. 하지만 부족하다고 말하면 잔소리로 들을 테고 무작정 학원을 다니라고 윽박지르면 분명히 말을 듣지 않을 텐데…….

'아니, 학원비를 내가 내준다는데도 안 다니면 본인이 손해 보는 건데 내가 왜 아쉬운 소리를 해?'

이게 솔직한 내 속마음이었다. 그렇지만 고등학교는 대학을 위한 중요한 발판인데 시간이 미뤄지면 후회할 거라는 생각이 들었다. 그러려면 딸아이를 스스로 움직이게 만들어야 했다.

나는 학원에 찾아가서 아이의 상황을 얘기하면서 협조를 구했고, 학원에서 들은 정보를 토대로 딸아이에게 학원의 좋은 사례들과 현재 다니지도 않는 '가상의 엄마 친구 딸'을 만들어 가끔씩 도움이 될 만한 이야기를 무심하게 툭 던지듯 전했고, 어느 날부터는 공부에 관해서 아무런 말도 하지 않았다. 조바심이 났지만 그렇게 기다렸다. 그러자 딸아이가 먼저 학원에 다니고 싶다고 말했다. 딸아이는 지금도 내게 감사하다고 말한다. 그때 엄마가 보내준 학원이 대학을 가는 데 정말 큰 도움이 됐다고 말이다.

이런 나의 사례처럼 고객에게 정말 필요한 거라고 확신할 때가 있다. 보험도 역시 타이밍이 중요하기 때문에 꼭 필요한 상품을 필요한 시기에 가입하는 게 중요하다.

어느 날 운전자보험이 필요하다는 고객의 요청이 있었다. 그분은 원래 담당자였던 설계사분이 설계해주었던 내용을 내게 팩스로 보내주었다.

"이거랑 똑같은 보장으로 가입해주세요."

담당 설계사가 있어도 고객은 나한테 가입하겠다고 했다. 너무 감사한 일이었다. 하지만 그 설계에는 변경이 필요했다. 고객의 나이는 40세인데 앞으로 40년 후인 80세에 300만~400만 원 환급받으려고 5만 원이나 되는 보험료를 내는 건 크게 의미가 없었다. 게다가 더 큰 문제는 보장 내용이 고객한테 큰 도움이 되지 않는 것이었다.

나는 3만 원에 두 건으로 설계된 내용을 고객에게 권유했다. 고객은 내게 "보험료는 저렴한데 왜 두 개나 가입을 해야 되나요?"라고 물어왔다. 오히려 기존 담당 설계사의 5만 원 불입금은 고객이 80세가 되는 먼 훗날이라도 받을 게 있어서인지 고객을 위한 설계라고 생각한다는 말을 하면서 두 건으로 나누면 설계사한테 뭔가 혜택이 있나 하는 생각도 들었다고 덧붙였다. 나는 "5만 원 설계보다 훨씬 더 잘되어 있으니까 걱정 마세요"라고 확신 있게 대답하며 보상에 관해서 꼼꼼하게 말씀드려 고객을 이해시킨 후 가입시켰다.

그 일이 있고 2주쯤 지났을 때 고객의 배우자로부터 전화가 왔다.

"아이 아버지가 교통사고가 났어요. 머리를 다쳐서 입원 중인데 운전자보험에 가입해둔 증권이 있어서 전화했어요."

그런데 문제는 내 고객이 사고를 낸 가해 차량이었고, 상대방 피해 차량에는 사망자도 있다고 했다. 음주 운전은 아니었지만 사고가 의외로 컸다. 일단 나와 함께 협업하고 있는 손해사정사분께 협조를 구했다.

사망 사고를 일으켰거나 피해자에게 심각한 중상해를 입혔을 경우 가해자는 피해자와 합의를 해야 한다. 운전자보험은 이런 경우에 대비해 가입하는 상품이었다. 다행히 내 고객은 치료를 받고 퇴원했고 사건은 잘 마무리되었다. 고객은 내게 전화를 해왔다.

"손해사정사분 통해서 자문 받고 처리까지 도와주셔서 정말 감사해요. 그리고 왜 운전자보험을 두 개로 가입하라고 했는지 이번 사고로 제대로 알았습니다."

고객은 연신 고맙다고 했다. 그러고는 "제가 뭐라도 해드리고 싶은데 사무실로 찾아가도 될까요?" 하고 물어왔다. 나는 정말 괜찮다고 사양했지만 그래도 전화를 끊을 기색이 아니었다. 그래서 정 그러시다면 직원들과 먹게 피자 몇 판 보내달라고 했다.

고객은 운전을 하는 일이 잦은 편이었다. 우리나라 교통사고율은 현실적으로 매우 높은 편이다. 그런 점에서 내 설계는 우려했던 부분에 적중했다. 고객이 가해 차량으로 사고를 내서 상대방 차량에서 사망이나 중상해가 나오면 하나의 운전자보험으로는 보상금을 합의해주기가 부족하기 때문에 두 군데 회사로 나누었던 것이다.

그 고객 덕분에 맛있는 피자를 먹으며 직원들한테 고객 후기를 제대로 알릴 수 있었다. 고객의 사고담을 듣고 오히려 설계사들이 자신들도 계약을 넣어야겠다며 가입하는 에피소드까지 생겼다. 이후 그 고객은 본인의 가족과 친척, 지인들의 운전자보험을 계속 소개해주었다.

이 고객에게 권유한 두 건의 운전자보험은 한 건당 1만 5,000원 정도로 사실 설계사에게 큰 도움이 된다고 보기는 어려운 보험이었다. 하지만 결국 고객한테는 큰 도움이 되었다. 나의 설계가 고객 한 명한테만 도움이 되었을까? 아니다. 안타깝게 사망하게 된 피해 차량의 가족에게도, 슬프지만 도움이 된 일이었다. 가족의 죽음은 청천벽력과도 같은 일이고 그 무엇과도 바꿀 수 없는 안타까운 슬픔이지만, 만약 가해 차량에서 합의해주지 못하는 상황이라면 피해자의 가족은 두 번 힘들게 된다. 보험은 바로 이런 것이다. 내가 사랑하는 가족한테 해주는 보험설계처럼 내 고객에게도 똑같은 보험설계를 해주는 것이다. 나에게 보험설계는 사랑하는 사람한테 주는 선물인 셈이다.

Tip

원스톱 보험 시스템이란?

우리나라 보험의 첫 출발이 GA보험회사 형태였다면 아마 보험에 가입한 고객들의 만족은 지금보다 훨씬 높았을 것이다. GA 소속 설계사는 30개 이상 보험회사의 상품을 비교 분석한 뒤에 고객에게 소개하므로, 이들과 인연을 맺는 고객은 적립형, 보장성, 연금, 자동차, 주택화재, 운전자보험까지 원하는 보험을 한 사람의 설계사를 통해서 가입하고 관리받을 수 있는 장점이 있다. 또 담당 설계사가 모든 관리를 맡으므로 이사로 주소가 바뀌어도 전화 한 통으로 해결되며, 직업이 바뀌어도 일일이 보험회사에 전화를 하는 번거로움을 덜 수 있다(생명보험회사는 직업을 변경할 필요는 없지만 손해보험회사는 직업에 따른 보험료 변동이 있기 때문에 담당 설계사에게 이를 고지해야 한다). 자동이체 계좌를 변경한다든지, 각종 자잘한 상담이 필요할 때도 한 사람과 소통하면 되므로 일 처리가 신속하고 빠른 것도 또 하나의 장점이다.

보험을 드는 가장 중요한 목적이라고 할 수 있는 보상 문제도 마찬가지다. 고객이 보험금 청구를 할 때도 역시 담당 설계사를 통해서 가입해둔 여러 건의 보험에서 해당하는 보험금만 스크린하여 청구를 도움받을 수 있다.

만약 원스톱 보험 시스템이 아니라면 어떨까? 아마 고객은 앞서 말한 모든 과정을 직접 콜센터에 전화해서 처리해야 하는 불편함을 겪을 수 있다. 여러 건의 보험마다 담당 설계사가 모두 다르다면 모두 다른 설계사에게 다 연락을 하고 일일이 상황을 설명해야 하는 수고도 필요하다.

보험은 특성상 설계사를 통해 관리받아야 할 일이 많은 업종이다. 물론 적립형 보험에서 필요한 자금을 인출하는 정도는 고객이 직접 콜센터로 전화해서 처리할 수도 있다. 그런 경우를 제외하고 설계사는 고객에게 생기는 거의 모든 변화에 탄력적으로 대응해야 하므로, 원스톱 보험 시스템은 그만큼 고객에게 매우 편리한 제도라 할 수 있다.

어느 날 갑자기 찾아온 위기, 보험으로 대처하다

날씨처럼 변하는 고객의 마음

비가 오는 날이면 가끔 운전하면서 음악을 크게 듣고 싶을 때가 있다. 그래서 비 오는 날에는 일부러 운전을 하기도 한다. 날씨가 사람의 기분을 좌우하듯이, 미래에 대한 불안은 보험에 대한 우리의 마음가짐을 좌우한다.

특히 연세가 있는 고객은 어느 날 다리라도 아프면 '내가 언제까지 일할 수 있을지 모르겠다', '자녀에게 물려줄 건 없는데 사망보험금이라도 하나 가입할까?'라는 생각을 한다. 이는 비단 연세가 있는 고객한테만 해당되는 이야기는 아니다. 젊은 고객도 병원에 가서 검사를 받거나 결과를 기다리는 순간만큼은 '혹시 내가 큰 병이면 어떡하지?'라는 염려와 걱정을 하게 마련이다.

내가 만난 고객들은 비 오거나 흐린 날일수록 마음속 깊이 걱정을 하는 경우가 많았다. 반대로 날씨가 좋을 때에는 생각이 긍정적인 경우가 많았다.

2006년 보험회사 입사 후에 나는 열심히 보험 모니터링과 상품 공부를 하느라 주말도 없이 지냈다. 나는 보험 상담을 마친 뒤에 쉽게 결정을 내리지 못하고 생각할 시간을 달라고 하는 고객들에게는 충분한 시간을 드리는 것을 원칙으로 했다. 하지만 정말 생각해본다는 고객과 거절의 의미로 말하는 고객은 같은 말이라도 확연히 차이를 느낄 수 있었다.

사람들은 당장 생활에 필요한 냉장고나 세탁기 혹은 TV가 고장 나면 큰돈이 들어가더라도 고치거나 바꾸는 데 그다지 주저하지 않는다. 하지만 보험은 다르다. 당장 큰 질병이 생긴 것도 아니고 아픈 것도 아닌데 보험료를 내느냐 마느냐를 가르는 고민의 기준은 가상의 미래일 뿐이다. 게다가 1회에 끝나는 것도 아니고 장기적으로 내야 하는 금액이라 선뜻 결정이 쉽지 않다. 하지만 사람은 정말 어느 날, 어느 순간 갑자기 아플 수도 있고 다칠 수도 있다. 지금도 하루에 수많은 고객이 보험금을 타고 있다. 이들 고객 가운데 병이 생길 것을 예상했던 고객은 거의 없다. 대개는 모두 어느 날 갑작스럽게 생각지도 못한 아픔을 겪게 된 것이다. 눈에 보이지 않는 불투명한 미래라는 이유 때문에 사람들은 보험을 최대한 뒤로 미뤄둔다.

몸이 보내는 신호

나 역시 굉장히 건강한 삶을 살았다. 보험을 시작하고 2년이 지난 어느 날 출근 준비를 하느라 욕실에서 칫솔을 들고 거울을 봤는데 오른쪽 목 부분이 부은 것처럼 보였다. 원래 예민한 편이 아니지만 그날따라 신경이 쓰여서 토요일 출근길에 병원에 들렀다. 의사 선생님은 갑상선 초음파 검사를 해보자고 하셨다.

처음으로 어두운 공간에 누워서 초음파 검사에 필요한 젤을 목에 바르고 선생님의 말씀을 기다렸다. 내심 무서운 마음이 들었다.

"뭐가 이렇게 많아요?"

첫마디에 심장박동수가 빨라졌고 무서움에 온몸이 떨리기 시작했다. 잠시 정적이 흘렀다.

"갑상선에 물혹이 너무 많네요. 다행히 모양이 크게 나쁘거나 하지는 않지만 주기적으로 검사해보셔야 할 것 같아요."

한편 다행이라고 생각했지만, 결국 자주 병원에 와야 한다는 얘기였다. 담당 의사 선생님은 혹시 모르니까 피검사도 해보자고 했다. 기능상 문제로 갑상선호르몬이 과다하게 분비되는 갑상선항진증이나, 반대로 갑상선호르몬이 잘 생성되지 않는 갑상선저하증이 있을 수도 있다고 했다.

다행히 피검사 소견은 정상이었다. 병원에서 나와 사무실로 가는 내내 많은 생각이 머리를 스쳤다. 20대, 30대 젊은 고객들이 당뇨를 앓고 혈압 약을 복용한다는 소리를 들으면서 젊다고 다 건강한 건 아님을 알고 있었지만, 정작 나의 건강 신호등에 빨간불이 켜지니 생각이 많아졌다.

그날 이후로 나는 보험 일에 대한 마음가짐과 생각이 더 단단해졌다. 만약 보험 가입이 안 되어 있는 상태로 병원에 갔었다면 치료비는 고스란히 내 몫이 되었을 것이다. 더 중요한 건 앞으로 주기적으로 검진을 받아야 한다니, 나 스스로도 보험의 중요성을 느끼는 계기가 되었다.

고민만 하는 고객을 살리다

40대 워킹 맘과 상담을 했다. 남편과 사별하고 혼자서 두 아이를 키우는 분이었다. 혼자서 아이를 키우는 점이 나와 비슷해서인지 더 애착이 가고 마음이 쓰이는 고객이었다. 생산 현장에서 일하는 고객이라 만나는 것도 통화하는 것도 쉽지 않았다. 그래서 고객이 쉬는 날에만 통화를 할 수 있었다. 이분은 남편이 사고로 사망했기 때문에 다쳤을 때 보장받거나 다쳐서 사망했을 때 받는 보험 위주로만 가입이 되어 있었다. 보통의 고객들처럼 본인의 상황과 필요에 의한 것보다는 가족이나 주변 상황에 영향을 받아 보험을 가입해둔 것이다.

리모델링이 필요했지만 고객은 계속 고민했다. 게다가 고객의 얼굴은 유난히 피곤하고 힘들어 보였다. 고객한테는 더욱 질병 보장이 필요할 거라는 확신이 들었지만 고객은 쉽게 결정하지 못했다. 보험 일을 하면서 가장 안타깝고 답답할 때가 이런 경우다.

강한 처방이 필요하다고 생각했다. 건강검진을 해보자고 제안했다.

"고객님, 요즘 안색도 안 좋으시고 너무 피곤해 보이세요. 혼자 애 키우는 엄마들이 이상하게 더 마음을 졸이는지 몸이 아픈 경우가 많더라고요."

경각심을 갖자고 한 말인데 말하고 나니까 나도 이런 이유에서 갑상선에 이상 신호가 생겼나 싶은 생각에 조금은 씁쓸했다.

"그러다 어디 한 군데 이상이라도 있으면 어떻게 해요?"

고객은 걱정스러운 말투로 내게 물어왔다.

"그러면 오히려 잘된 거죠. 늦게 발견하는 것보다 조기 발견이 좋으니까요. 치질이라도 있으면 빨리 수술도 받고 좋죠, 뭐."

그렇게 말하며 웃는 나를 보고 고객은 같이 웃었다. 그분은 보험 가입을 안 해놓은 상태에서 건강검진을 받으러 갈 자신이 없다고 했다.

"설계사님 믿고 리모델링할 테니까 끝까지 책임지세요."

그 말이 너무 고마웠다.

"저도 고객님 손 놓지 않을 거니까 아프지만 마세요."

싱글 맘 둘은 같이 웃었다.

그렇게 보험 리모델링을 하고 1년이 지난 어느 날 전화가 걸려왔다.

"설계사님, 나 유방암이래요."

흐느끼며 우는 소리에 순간 머리끝이 찌릿했다. 다행히 1기라고 했다. 매일 암 진단금을 받는 고객이 많기 때문에 놀라운 일은 아닐 수 있었다. 하지만 그 고객한테는 남편이 없었고, 친정 식구들도 없었다. 아직 어린 자녀들 두 명뿐이었다. 보험 가입 후 피검사를 했을 때만 해도 별다른 이상은 없었다.

나는 전화를 끊자마자 고객의 보장 내용을 살펴봤다. 다행히 유방암 진단금이 5,000만 원으로 잡혀 있었다. 의료실비도 가입했기 때문에 당장의 치료비는 감당할 수 있었다. 리모델링을 하지 않았다면 의료실비가 없었기에 보장받을 게 거의 없었다. '내가 정말 좋은 일을 한 거구나!'라는 생각에 마음 한편이 따뜻해졌다.

고객과는 거의 매일 통화를 했다. 본인이 아픈 것보다 애들을 보면 눈물이 난다고 했다. 다행히 수술은 잘 끝났고 고객은 서서히 건강을 찾아가고 있다. 나는 보험금 청구를 해드렸고 고객은 또 한 번 눈물을 흘렸다. "그때 설계사님 말씀대로 보험 리모델링 안 했으면 감당하지 못했을 거예요" 하는 그 말에 그분도 울고 나도 울었다. 6개월 후 고객은 직장으로 다시 돌아갈 수 있었다. 쉬는 동안 자녀들과 시간을 보낸 게 오히려 굉장히 값진 휴식이 되었다고 했다.

나는 고객들에게 도움이 되는 보험을 만들고 싶다. 고객들도 도움이 되는 보험에 가입하고 싶어 할 것이다. 나와 고객이 서로의 생각을 맞춰서 보상받을 수 있는 보험을 만드는 게 최고라고 생각한다. 하지만 정말 결정을 못 내리는 고객한테는 일정 부분 단호함이 필요하다. 그때는 내가 고객에게 적극적으로 손을 내민다. 고객을 살리는 사람 중심의 보험에는 노력이 필요하기 때문이다.

Tip

가입한 보험의 보험금 청구 방법

보험을 가입하는 제일 중요한 목적에 해당하는 것은 바로 보험금 청구다. 또 고객에게 가장 신속하게 처리되어야 할 부분이기도 하다. 보험금 청구를 하기 전에 담당 설계사에게 미리 연락하자. 그래야 많은 도움을 받을 수 있다. 고객이 미처 몰라서 청구를 못 하는 부분이 생겨도 보험회사는 청구하지 않는 부분까지 챙겨주지는 않기 때문이다.

보통 100만 원 이상의 청구일 경우는 원본의 진단서가 첨부되어야 한다. 하지만 그 미만이라면 팩스, 모바일, 인터넷을 통해서 사본의 서류로도 손쉽게 청구할 수 있다.

질병후유 3%, 상해후유 3%를 청구할 때는 고객 스스로 진행하는 것보다는 설계사나 손해사정인의 도움을 받아 청구하는 것이 절차도 간소하고 보상받기도 편하다.

적게 내고 똑같이 보장받는 것은 설계 차이이다

똑같은 보장이라도 좋은 보험료가 있다

보험 시장은 빠르게 변화하고 있다. 똑같은 보장이라도 각 보험회사마다 고객이 내야 하는 보험료는 다르며 또 2019년 4월에 가입한 고객의 보험과 2019년 5월에 가입한 보험의 보장 내용이 똑같다 하더라도 보험료가 다를 수 있다. 보험회사들이 매달 경쟁하는 상품들은 더 그렇다고 봐야 한다. 보험회사가 기본으로 정해놓은 의무 가입 형태를 낮추면 보험료가 저렴해질 수 있지만 반대로 높이면 보험료가 높아질 수 있기 때문이다.

고객은 이런 내용까지는 모르지만 이를 알고 있는 나는 이런 눈에 보이는 보험료 때문에 스트레스를 받는다. 지난달의 고객한테는 보험료를 2,000원이라도 내릴 수 있었지만, 달이 바뀐 지금은 다시 2,000원을 더 내야 하거나 그 이상으로 내야 하는 경우가 생긴다. 그럴 때면 다시 다른 회사를 찾아서 보험료를 낮출 수 있는지를 계속 비교해보게 된다. 보통 20년, 30년을 내는 보험료이기 때문에 매월 단돈 1,000원이라도 올라가면 그것도 꽤 큰 액수가 되는 탓이다.

그래서 각 보험회사의 매니저나 지점장들과 소통을 자주 해야만 정보를 하나라도 더 얻을 수 있고 도움을 받을 수 있다. 각 회사의 관리자들은 적어도 본인 회사의 상품에 대해서는 거의 정확히 꿰고 있으므로 많은 회사들의 관리자들과 소통하는 게 무엇보다 중요하다.

보험 카페에도 많은 정보가 올라온다. 나는 카페, 인터넷, 보험 뉴스를 번갈아가며 살펴 매일 정보를 얻는다. 특히 신상품이 출시될 때는 반드시 다른 상품들과의 경쟁력을 비교해본다. 내가 상담하는 고객한테는 보험에 관해서만큼은 최고의 만족도를 주고 싶기 때문이다.

물건을 살 때도 같은 물건인데 내는 돈이 다르면 화가 난다. 그렇기에 장기간 내야 하는 보험료는 고객을 위해서라도 좋은 보험료를 찾아줘야만 한다. 과거에는 하나의 보험상품 안에 의료실비, 종합보험, 운전자보험까지 통합으로 가입하는 경우가 많았다. 따라서 고객이 보험료를 낼 수 없는 상황이 되면 전부를 유지하지 못하는 경우가 생겼다. 이를 방지하기 위해 요즘은 의료실비, 암, 수술비, 운전자 각각에 맞는 유리한 보험회사를 찾아서 보험료를 분산시킨다. 그러면 과거에 가입했던 하나의 통합 보험보다 더 낮은 보험료로 유지할 수 있다.

더 중요한 건 하나의 보험회사에서 범위가 넓은 좋은 상품들을 다

가입하기가 쉽지 않기 때문에 오히려 여러 보험회사와 상품을 분산시키면 보험료는 저렴하지만 보장의 범위는 더 넓게 가입할 수가 있다는 것이다. 그리고 보험을 유지하기 힘들어지는 경우에는 전체를 유지할 수는 없더라도 정말 중요한 의료실비라도 유지하는 등의 탄력적인 보험 운용을 할 수 있는 장점도 있다.

감동의 눈물을 보여준 고객

요즘 고객들은 보험 관련 지식이 풍부하다. 설계사들을 통해서 알게 되는 경우도 있지만 각종 매체를 통해 많은 사례들을 접하기 때문에 생각보다 정보에 밝은 편이다.

그러나 정반대로 정말 치열하게 살아가느라 보험에는 아예 관심이 없거나 마음이 약해서 설계사의 가입 권유를 뿌리치지 못해 과도하게 보험에 가입한 분들도 있다. 이분들의 경우에는 생각보다 많은 보험료를 내고 있는 부분에서 문제가 발견된다. 가장 안타까운 경우는 너무 과중한 보험료로 인해서 생활에 지장을 받을 정도로 영향을 받는 고객이다.

어느 날 블로그를 통해서 문의가 왔다. 현재 내고 있는 보험료가 너무 많은 것 같아서 상담을 받고 싶다는 내용이었다. 증권을 전부 모아 놓고 나는 너무 놀랐다. 무려 35건의 보험에 가입되어 있었던 것이다. 고객도 이렇게까지 많을 줄은 몰랐다고 했다. 아는 사람이 부탁해서 들기 시작한 보험은 이후 지인이 보험 일을 그만두게 되었을 때도 지속되었다. 바뀐 담당자가 인사 차 찾아와 또 다른 보험을 권유하고, 가입하는 일이 계속된 탓이다. 그 후로도 담당자는 정기적으로 계속 바뀌었고, 어느 날부터는 담당자가 찾아오지 않는데도 여전히 전화로 가입을 했다고 한다.

그분의 보험료는 250만 원이나 되었다. 급여가 300만 원인데 매달 생활이 가능할 것 같지 않았다. 이렇게 과도하고 심각한 상황은 처음이어서 나 역시도 당황했지만 나를 믿고 찾아온 고객이기에 이대로 둘 수는 없었다.

보장 분석을 하는 데만 꼬박 3일이 넘게 걸렸다. 그리고 다시 만나서 분석한 내용을 정확히 설명했더니 기가 막힌 고객은 아무 말도 하지 못했다. 다 본인이 잘못한 거라고 오히려 자책했다. 그런 고객이 더 안쓰러웠다. 하지만 고객의 생각이 궁금했다. 정말로 제대로 된 보험료만 내는 '착한 보험 리모델링'을 할 의지가 있는지가 중요했다. 다행히 내 블로그를 보고 인간적인 마음이 느껴져서 이번에는 꼭 정리하겠다는 마음을 굳히고 찾아온 거라고 했다.

나는 모든 고객들과의 일정을 뒤로 미루고 이 30대 남성 고객에게 집중했다. 보험 일을 한 지 10년 차에 최고로 난감하고 어려운 상황을 맞닥뜨린 시간이라 할 수 있었다.

먼저 고객의 건강 상황을 체크했다. 다행히 별다른 이상은 없고, 건강검진은 회사를 통해서 잘 받고 있다고 했다. 그리고 의료실비에서 보상받은 게 있는지도 확인했지만 아직 받은 적이 없었다. 이런 것들을 확인하지 않고는 리모델링을 할 수가 없다.

우선 증권을 분류해야 했다. 치아보험도 8건이나 가입되어 있었지만 치아는 건강하다고 했다. 결혼도 안 한 남성 고객은 사망하면 10억 원 넘게 가족이 받게끔 되어 있었다. 게다가 가입한 보험회사에서 약관이나 서류를 못 받은 것도 있었다. 총체적 난국 상황이라 나는 고객에게 이렇게 제안했다.

"고객님, 이번 기회에 제대로 된 보험 리모델링을 할 생각이시라면 저한테 이틀만 시간을 내주시겠어요?"

고객은 당연히 이유를 물었다.

"고객님이 직접 가입하신 보험회사와 전화 통화로 계약하신 보험회사의 상품을 모두 확인해야 하는데 제가 본인이 아니라서 고객님의 동반이 필요하거든요."

고객은 잠시 동안 고민했다. 한 번도 제대로 쉬는 날 없이 현장 일을 해왔다고 했는데 과연 이틀이나 시간을 빼는 게 가능할까 싶었다. 하지만 고객의 결심은 단호했다.

모든 보험의 과정과 경로를 고객과 얘기하며 핸드폰을 놓고 추적해갔다. 제대로 이해하지 못하고 전화로 녹음을 통해 가입한 보험도 많았다. 놀라운 건 가입을 해준 그 많은 설계사들 중 그만둔 설계사가 대부분이라는 거였다.

전화 통화가 잘 안 되는 보험회사의 경우는 센터로 찾아가서 상담을 받았다. 가입할 때 문제는 없었는지 자필 사인을 본인이 정확하게 했는지 고객한테 서류 전달은 어떻게 해주었는지 확인 절차를 요청하고, 전화로 녹음한 계약은 녹음 내용을 들려달라고 요청했다. 그렇게

| 30대 미혼 남성 리모델링 사례 |

리모델링 전

보험상품	월 보험료	납부해야 할 총보험료
종신보험(사망보험 10억 원)	150만 원	3억 6,000만 원(20년 납)
보장성 보험	72만 원	1억 7,280만 원(20년 납)
치아보험 8건	28만 원	3,360만 원(10년 납)
연금보험	없음	없음
보험료 합계	250만 원	5억 6,640만 원

리모델링 후

보험상품	월 보험료	납부해야 할 총보험료
보장성 보험	20만 원	4,800만 원(20년 납)
연금보험	100만 원	1억 2,000만 원(10년 납)
보험료 합계	120만 원	1억 6,800만 원

※ 월 보험료 250만 원에서 120만 원으로 변경.
※ 총납입보험료 3억 9,840만 원 절약.

이틀의 시간이 지났고, 고객은 잘못된 과정으로 가입된 보험료의 일부를 돌려받기도 했다. 그리고 남겨야 할 부분을 빼고 유지하지 않을 계약들은 모두 해지했다.

납입한 총보험료는 손해를 봤지만 납입할 기간이 많이 남아 있었으므로 결과적으로는 더 큰 손해를 막을 수 있었다. 최종 보험료는 20만 원으로 정해졌다. 그리고 100만 원은 연금을 선택했다. 고객은 본인을 위해서 시간을 내준 내게 "원래 이렇게까지 보험 상담을 해주시는 거예요?" 하고 물었다. "고객님의 보험이 저를 행동하게 만드네요"

라고 답하며 고객과 나는 웃었다.

고객은 내게 믿음이 갔는지 사적인 얘기도 해주었다. 시골에 혼자 계신 아버지를 모셔오려면 얼른 집을 마련해야 한다고 했다. 또 지금 하는 현장 일이 적성에 맞지 않아 힘들다는 이야기도 털어놓았다. 기계를 만지는 일이 손에 익지 않고, 또 어려움도 많다며 부동산을 배우고 싶어 했다. 그래서 부동산을 하는 다른 고객을 소개시켜주었다. 한 달 후 이 남성 고객은 회사를 그만두었다고 했다. 그리고 1년 후 아버지랑 함께 살게 됐다고 했다. 경매를 배워서 지방에 집을 한 채 마련할 수 있었다고도 했다.

고맙게도 나를 찾아와 맛있는 점심을 사준 고객은 1년 전 내 정성에 감동했다며 눈물을 보였다. "보험으로 인해 상처를 받았지만 설계사님을 만나서 자신의 인생이 바뀌었다"며 오히려 고마운 보험이 됐다고도 했다. 그리고 정말 하고 싶었던 부동산 일을 좋은 분에게 배우고 소원했던 아버지와 함께 살 수 있게 된 게 전부 내 덕분이라고 말해주었다. 그 말에 나도 모르게 눈물이 흘렀다.

Tip

보험약관 이해하기

보험약관의 해석에는 '작성자 불이익의 원칙'이 적용된다. 이때 작성자란 보험회사를 말한다. 사실 보험회사가 작성한 두꺼운 약관의 내용을 고객이 일일이 해석하기란 현실적으로 불가능하다. 설계사 역시 그 방대한 내용을 전달하기엔 역부족이다. 그런 이유로 보험회사, 설계사, 고객은 늘 분쟁과 언쟁으로 끊임없는 사례를 남기게 된다.

보상으로 인한 문제가 생기면 고객은 '보험회사는 어떻게든 주지 않으려고 한다'는 생각을 한다. 반면 보험회사는 '판례를 남기지 않아야 한다'고 생각한다. 하지만 약관의 해석에는 '작성자 불이익의 원칙', 즉 약관의 해석에 오해가 생겨나는 부분을 위법이라고 보기 때문에 100% 정확한 해석이 아니라면 고객의 편에서 해석하게 되어 있다. 그러므로 고객이 먼저 포기하거나 좌절할 필요는 없다. 보험회사가 꼭 유리한 것만은 아니라는 사실을 고객은 기분 좋게 기억하자.

- 한국표준질병사인분류 지침서의 "사망 및 질병이환의 분류번호부여를 위한 선정준칙과 지침"에 따라 C77~C80(불명확한, 이차성 및 상세불명 부위의 악성신생물(암))의 경우 일차성 악성신생물(암)이 확인되는 경우에는 원발부위(최초 발생한 부위)를 기준으로 분류한다.
- 특히 C73갑상선암 진단 후 C77~C80 진단이 추가적으로 나오면 고객은 보장받지 못하는 경우가 있다. 고객이 혼돈을 받을 수 있는 경우에는 위에서 언급한 대로 약관을 작성한 보험회사의 작성자 불이익의 원칙이 적용되므로 고객은 보상을 받을 수 있다.
- 분쟁의 소지가 생기면 중요한 근거 자료가 되므로 보험약관은 꼭 보관해야 한다.

보험은 해지할 때 더욱 신중해야 한다

설계사로부터 상처받은 고객의 마음을 풀어주다

보험은 대개 가족, 지인, 선후배 혹은 소개를 통해서 가입하기 마련이다. 대부분 가까운 사람과 보험 이야기를 나누며, 또 설계사들도 처음에는 지인을 대상으로 영업 활동을 하기 때문이다. 고객은 처음 가입한 보험설계사를 자신의 보험 담당자로 생각하며 보험금을 청구할 때도 의지하고 믿게 된다. 하지만 중간에 그만두는 설계사, 이직하는 설계사가 상당히 많은 편이다.

내가 GA보험처럼 30개 이상의 생명보험과 손해보험을 모두 판매할 수 있는 곳으로 이직한 이유는 한번 인연을 맺은 고객에게 끝까지 담당자로 남고 싶은 마음에서다.

한 달 전 일이다. 오래전 나에게 수술비 보험을 가입했던 고객이 어느 날 전화를 해왔다. 70대 여성 고객은 "거기 린나이 보험 하는 사람이죠?"라고 물어왔다. 전화번호가 등록되어 있지 않은 번호라 어떤 고객인지 알 수 없었다. 연세가 있으신 70대 고객의 '린나이' 보험이라는 귀여운 착각에 잠깐 즐거운 웃음을 지을 수 있었다.

고객의 문의 내용은 이러했다. 지금까지 전화로 보험을 많이 가입했다. A라는 설계사와 친분을 나누며 가족들 보험까지 꽤 많이 가입했다. 그런데 어느 날 같은 회사에서 B라는 설계사가 전화를 해왔고 그 B 설계사를 통해 한 건의 보험을 가입했다. 그랬더니 얼마 후 A 설계사가 전화를 걸어와 "어머님, 너무 서운해요"라고 말했다는 것이다.

70대 여성 고객은 다쳐서 보험금을 수령해야 했지만 A 설계사가 전화를 받지 않아 화가 나 있었다. 거기다 보험료가 너무 부담스러워 보험료를 줄이고 싶은데 어떤 걸 줄여야 할지도 몰라서 고민이라고 했다. 나는 전화상으로 상담할 수 있는 내용이 아니라고 판단했다. 일정을 잡아 방문했다.

그분의 자택으로 방문하던 날, 고객은 모든 증권을 다 꺼내놓으셨다. 많은 양의 증권과 청약서를 일일이 들여다보는 것도 문제였지만, 어떤 상품은 중간에 해지한 것도 있다는 얘기에 각 보험회사에 전화를 걸어 모든 증권을 팩스로 요청했다. 현재 유지하고 있는 보험을 알아야 어떤 걸 정리해야 하는지도 정할 수 있었다.

보험을 정리하기에 앞서 보험금 청구가 먼저였다. 각 보험회사에 전화를 걸어서 보험금 청구를 도와드렸다. 그 고객은 80세 만기에 끝나는 치매보험과 갱신형 보험이 대부분이었다. 2년, 3년 후부터는 보험료가 너무 올라가는 상품들이 대부분이었다. 90세까지 보장받고 보험료가 올라가지 않는 비갱신 암보험과 치매보험만 남기고는 모두 해지했다.

그분은 보험회사에서 너무 많은 설계사가 전화를 해온다고 했다. 전화로 설계사의 상담 내용을 듣다 보면 '자식한테 민폐되지 않으려면 가입해야지'라는 마음이 들어 소액으로 한 건씩 가입했다고 하는데, 그렇게 들어놓은 것이 본인 보험으로만 30만 원이 넘었다.

고객은 보험회사를 통해 많은 전화를 받는다. 신상품의 가입을 권유하는 전화이기도 하지만 담당 설계사가 보험 일을 그만두거나 다른 회사로 이직했을 경우 담당자라며 전화가 오기도 한다. 이런 일은 특히 전화로 보험 영업을 하는 TM(telemaketing) 센터에서 많이 하는 영업 방식이다.

고객은 자신의 상황에 맞는 보험료와 필요한 보장을 유지하게 만드는 데 계속적으로 도움을 줄 수 있는 담당 설계사를 원했다. 보험 청구를 처리해드리고 나오는데 그분은 딸이 다니는 한의원에서 사온 거라며 검은색 비닐봉지에 쌍화탕을 챙겨주셨다. 연신 고맙다는 고객의 말씀에 뿌듯함도 있었지만 고객이 속상했을 생각에 마음이 아팠다.

고객의 보험을 유지시키는 데 집중하라

고객들은 경제적 상황이 나빠지면 보험부터 해지하려고 하는 경우가 많다. 그런 마음을 먹은 고객들은 대부분 제일 먼저 보험회사 고객센터에 전화를 걸어 해지환급금이 얼마가 나오는지를 확인한다. 보험을 없애는 아쉬움보다는 당장 보험료를 내는 부담을 해결할 수 있을 뿐 아니라 해지환급금이 경제적인 부분에 조금이라도 도움이 되길 바라는 마음에서다.

하지만 보험을 해지할 때는 매우 신중해야 한다. 최소한 의료실비 정도는 남겨야 아프거나 다쳤을 때 보상받을 수 있기 때문이다. 만약 오로지 한 건만 가입해둔 종합보험 안에 의료실비, 진단금, 수술비 등 모두가 구성된 경우라면 적어도 의료실비는 남기고 다른 보장들을 해지하면 된다. 그런데 종합보험은 대개 보험회사가 의무적으로 사망이나 후유장해 보장 등의 조합을 가입하도록 설계해놓은 특징이 있으므로, 최소한의 의료실비만 남기려고 해도 보험료가 부담되는 경우가 많다.

예를 들면 종합보험에 가입되어 있는 40세 남성 고객의 보험료가 20만 원이라고 가정해보자. 그런데 앞서 얘기한 것처럼 의료실비가 종합보험 안에 포함되어 있어 의료실비만 남기고 나머지 보장은 해지하고 싶다면 20만 원에서 보험료를 얼마까지 낮출 수 있을까?

내 고객들의 사례로 보면, 최소 5만 원, 8만 원이었던 경우가 대부분이었다. 보험회사마다 상품마다 모두 다르지만 종합보험에서 기본적으로 남겨야 하는 보장들이 있기 때문이다.

참고적으로 의료실비만 단독으로 가입하게 되는 경우 40세 남성 고객의 보험료는 보험회사별 차이를 감안하더라도 1만 3,000원 전후다. 그러면 경제적인 상황의 어려움으로 보험료를 줄이려는 고객의 실질적인 보험료 차이는 5만 원일 때는 3만 7,000원, 8만 원일 때는

| 40대 남성 종합보험 20만 원 리모델링 |

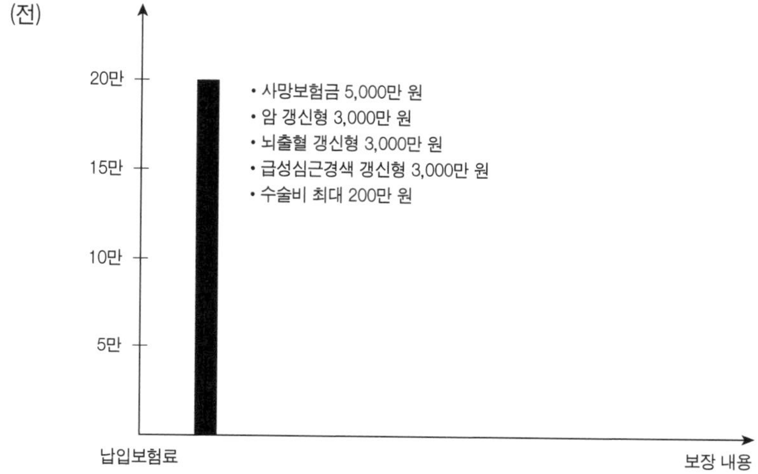

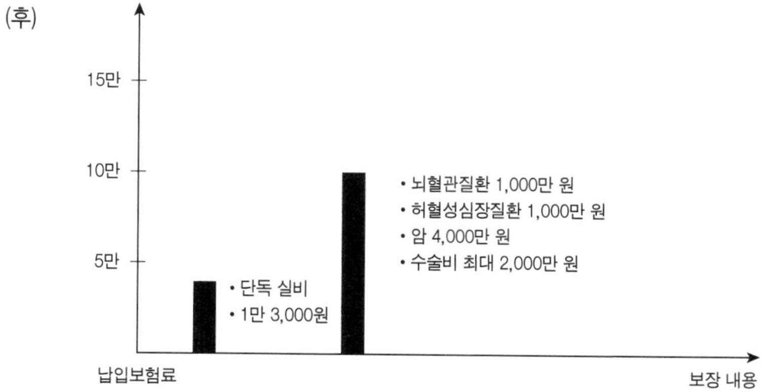

6만 7,000원이라는 큰 차이를 보이게 된다. 그러면 고객은 부담스럽다는 이유로 또다시 고민을 하다가 20만 원 전체 보험료를 해지할 수도 있다. 이럴 때는 고객의 상황에 맞춰 담당 설계사가 반드시 도움을

주어야 한다.

이런 경우는 1만 3,000원 전후의 단독 의료실비만 새로 가입하면서 20만 원의 보험료를 해지하는 것이 가장 좋다. 하지만 이렇게 할 수 있는 경우는 고객이 건강하다는 전제 조건과 앞서 유지하던 종합보험에 포함된 의료실비에서 보험금을 수령했느냐 여부에 따라서 달라질 수 있다. 만약 고객이 고혈압이나 당뇨 약을 꾸준히 복용하는 경우라면 새롭게 의료실비를 가입하는 것이 어렵거나 할증된 보험료를 내야 하는 부담이 생기므로 이럴 때는 기존 종합보험에서 의료실비는 무조건 남기고 나머지만 해지할 것을 권유해야 한다.

보험료는 대부분 장기적인 납입 기간을 선택한다. 짧게는 10년, 보통의 경우는 20년에서 30년까지도 납입하기 마련이다. 따라서 긴 시간 유지하는 동안 고객의 경제 상황에 변화가 찾아올 것을 예측해서 처음부터 분산해서 가입하는 것도 한 방법이다. 특히 성격적으로 보험에 가입하고 해지하는 것을 자주 반복하는 고객도 있다. 물론 환경적 이유가 동반될 수도 있겠지만 보험료 납입은 고객의 성향과 성격에도 영향을 받는다. 그런 경우는 보험을 분산시켜 최소한 남길 수 있는 중요한 보험은 무조건 유지하는 방법을 선택해야 한다.

보험은 가입이 목적이 아니라 유지가 목적이다. 긴 시간 납입해야 하는 보험의 특성상 고객의 성향과 경제적인 상황을 제대로 파악하는 것은 고객의 보험 유지에 매우 중요하므로 이 점을 잘 살펴볼 필요가 있다.

Tip

비례보장과 정액보장은 어떤 차이가 있나?

비례보장은 각 보험회사에 가입된 금액에 따라 비례하여 보상되는 상품을 말한다. 대표적인 보험이 의료실비라고 할 수 있다. 비례보장의 경우 보험금을 보장받을 때에는 가입한 보험사로부터 보상 한도에 비례한 비율만큼 보상받으므로 여러 군데 보험회사에 가입을 해도 중복으로 지급되지 않는다. 의료실비의 경우, 지금은 아예 중복으로 가입할 수 없도록 제도적으로 막아놓은 상태다. 과거에는 의료실비를 두 군데 보험회사에 가입할 수 있었다. 그런 경우 비례보장이라 할지라도 본인부담금이 아예 없거나 낮아질 수 있었다. 그런 이유로 지금은 제도적으로 아예 한 군데 보험회사에만 가입할 수 있게 바뀌었다.

정액보장은 자신이 병원비를 얼마를 썼건 중요하지 않다. 고객이 가입해둔 가입 금액을 얼마로 해뒀는지에 따라 보험금이 지급된다는 뜻이다. 예를 들어 암 진단비를 A 회사에 5,000만 원, B 회사에 3,000만 원, C 회사에 1,000만 원 가입했다면 병원에 가서 치료비를 얼마를 썼든 A, B, C 세 군데 보험회사에서 모두 9,000만 원을 지급받는다. 즉 정해진 금액대로 보상받는 것이 정액보장이다.

지금은 비례보장이 안 되는 보장들은 가입 역시도 안 되는 형태이기 때문에 비례보장에 대해서는 특별히 걱정할 필요가 없다. 반대로 정액보장은 무조건 각각 나오는 방식이므로 여러 보험회사에 가입해도 모두를 받을 수 있다.

보상 내역을
꼼꼼하게 확인한다

가입이 곧 관리의 시작이다

오전 회의를 마쳤을 때 한 50대 여성 고객이 전화를 걸어왔다. 남편의 보증 문제로 형편이 너무 어려워져서 보험을 유지하기가 힘들 것 같다는 내용이었다. 그 고객은 모든 보험을 해지하고 싶다는 의견을 전했다. 심란한 마음이 느껴질 만큼 목소리가 격앙되어 있었다.

한두 건이 아닌 보험을 무조건 해지부터 하는 게 답은 아니었다. 고객도 답답한 마음에 담당자인 나를 통해서 해결점을 찾고 싶었던 것 같다. 경제적·심리적으로 불안에 빠진 고객은 하루라도 빨리 모든 보험을 해지하고 싶어 할 수 있다. 하지만 정말 그렇게 하면 고객이 필요한 순간에 후회하거나 오히려 경제적으로 더 어려워질 공산이 컸기에 나는 신중했다.

시간을 벌기 위해서 고객에게 외근하고 돌아와서 전화하겠다고 했다. 외근하는 동안 이 고객의 문제를 생각해봤다. 이와 비슷한 사례가 있었을 때 고객들은 대부분 후회를 했다. 해지를 하고 난 고객이 갑자기 중대한 병에 걸리는 바람에 해지를 적극적으로 말리지 못한 나 자신을 자책한 일도 적지 않았다. 사무실에 복귀해 다시 고객과 통화를 했다. 고객의 의중을 다시 한 번 확인해야 했다.

"고객님, 혹시 보험 가입 뒤에 새로 복용하게 된 약이 있나요?"

"혈압 약 먹어요. 그런데 왜요?"

고객은 그런 걸 왜 물어보냐는 듯 불쾌함이 묻어나는 목소리였다. 하지만 반드시 물어야 할 질문이었다. 보험 가입 전까지는 특별한 이상이 없다가 가입 후에 장기 복용하는 약이 생길 경우 보험에 재가입하는 데 많이 불리하기 때문이다. 나는 이런 내용을 차분히 설명드렸다. 순간 정적이 흘렀다. 잠시 뒤, 나는 이모부의 빚보증 때문에 속앓이했던 이모의 일화를 이야기했다.

"지금 고객님 속이 새카맣게 탔을 거 같아요. 제가 전부 이해한다고는 못하겠지만 그래도 혹시 이런 상황에서 마음 쓰고 스트레스 받아서 병원에 갈 일이라도 생기면 그때는 더 힘들 겁니다. 그러니 해지 말고 보험료를 줄이는 건 어떠세요?"

다시 정적이 흘렀다. 고객은 잠시 뒤 "그럼 조금 더 생각해볼게요" 하고는 전화를 끊었다. 그 답을 듣자 안심이 되었다. 이미 가입하고 5년이 넘은 계약이라 너무 아까웠던 것이다. 다행히 목소리도 이전보다는 조금 안정이 된 듯했다.

사람은 마음이 불안정하면 정확한 판단을 내릴 수가 없다. 당장 나가는 보험료가 적든 크든 무조건 보험부터 없애야 한다고 생각한다. 그 보험료가 생활에 큰 변화를 가져오는 건 아닐지라도 마음을 불편하게 하고 또 매달 나가는 보험료가 눈에 제일 잘 보이는 탓이다. 보험이 중요한 걸 아는 나는 고객의 해지 상담도 관리의 큰 부분이다.

보험에도 주치의가 필요하다

주말에 걸려오는 고객의 전화는 급한 용무가 대부분이다. 보통은 보상에 관련된 문의가 많기 때문에 오히려 주말 전화는 신경 써서 받는 편이다. 그날은 영화관에서 영화를 보던 중 진동이 울렸다. 손에 전화기를 들고 있어서 쉽게 알 수 있었다. 영화 보는 도중이었지만 잠시 나가 전화를 확인했다. 역시 고객의 전화였다. 친정어머니가 화장실에서 쓰러졌다는 내용이었다. 급한 마음에 119를 불러서 병원으로 가는 중이라고 했다.

그런데 왜 내게 전화를 했을까? 물론 이런 경우 꼭 전화를 하라고 당부한 건 나였다. 내가 고객에게 그렇게 말하는 이유는 어머님이 쓰러진 이유가 질병으로 인한 건지, 외부 충격으로 인한 건지에 따라서 보상 내용이 다를 수 있으므로 의사의 '초진'이 매우 중요하기 때문이다.

고객은 어머니께서 신고 있던 화장실용 슬리퍼가 미끄러지면서 뒤로 넘어져 다쳤다고 했다. 평소에는 어머니가 슬리퍼를 잘 안 신는데 그날은 마침 세탁기가 탈수 중이어서 신은 모양이라고 자세히 말해주었다. 이런 경우는 질병이 아니었다.

어느 날 평소처럼 자고 일어났는데 허리가 아프면 '질병'이다. 그런데 화분을 옮기다가 허리가 아프면 '상해'다. 질병은 자연적인 노화나 외부 충격이 없는 상태를 말한다. 반대로 갑작스러운 사고나 물리적인 충격이 생기는 경우는 '상해'다.

고객의 어머니는 명백한 상해이기 때문에 있는 그대로 의사 선생님한테 말하면 되었다. 하지만 간혹 보험금 청구를 위해서 서류를 청구할 때 '상해'가 '질병'으로 바뀌어서 서류가 발행되는 경우가 있다. 기존에 어디가 아팠다라는 소견이 아마 질병으로 반영되는 듯했다. 이렇게 상해와 질병 사이에 애매한 상황들이 생겨나는 경우가 있기 때문에 초진이 중요했다.

고객의 어머니는 척추뼈가 부러지는 골절로 수술을 받았다. 출근해서 보장 내용을 살펴봤는데, 골절 진단금도 있었고 별도로 골절 수술비도 있었다. 그리고 수술 후 6개월이 지나면 상해후유장해도 청구할 수 있는 상황이었다. 고객은 친정어머니의 보상 건을 겪으면서 "왜 병원에 가기 전에 전화를 하라고 했는지 이해가 됐어요"라고 기분 좋은 목소리로 얘기해주었다.

"정말 전문가는 다르구나! 보험에 대한 인식이 완전히 바뀌었어요. 남편도 본인의 보험설계를 꼭 설계사님한테 점검해달라고 했어요."

지인한테 들어둔 보험 때문에 마음의 상처를 많이 받았다가 나에 대한 믿음으로 친정어머니의 보험까지 가입해준 고마운 고객이었기에 나는 더욱 기뻤다. 스스로 보험 주치의 역할을 할 수 있었다는 생각에 매우 큰 보람을 느낀 사례였다.

아플 때는 더욱 큰 관심이 필요하다

보험회사들이 주력으로 내세우는 영업 내용은 주기적으로 바뀌며, 보험회사별로 그 특징이 조금씩 다르다. 어떤 회사는 암, 뇌혈관, 허혈성 질환 같은 대표적인 3대 질환으로 진단받아 수술을 하게 되면 간호사 동반 서비스를 3회, 5회 제공한다. 큰 질병으로 진단을 받으면 고객들은 어떤 병원을 찾아가야 할지, 어떤 의사가 실력이 있는지, 어떻게 치료 과정을 밟아야 하는지 막막해한다. 이런 경우 전문 간호사와 상담하여 안내를 받기도 하지만 수술을 하게 돼서 입원, 퇴원을 할 경우는 직접 간호사가 동반해서 고객이 어려워하는 병원 업무 처리까지도 도움을 주는 시스템이다. 또한 어떤 자녀보험의 경우 자녀의 심리적인 부분과 관련된 상담, 교육적인 상담을 서비스로 제공하는 회사도 있다. 그런데 이렇게 지나칠 수 있는 내용들이 의외로 중요해지는 순간이 많다.

서울에 이사 온 지 얼마 안 되는 고객이 어느 날 자궁 관련 질병으로 큰 병원에 가보라는 소견을 들었다. 그분은 의사 선생님의 그 말에 크게 불안함을 느꼈지만 낯선 환경에 어느 병원을 가야 하는지를 더 고민하는 듯했다.

나와 통화하면서 고객이 한 말이었지만 나는 왠지 신경이 쓰였다.

그래서 내가 가입하고 있는 보험사에 고객의 질병에 관해 문의를 했다. 가족이 아프다는 내용으로 상담을 했고, 고객이 사는 곳 근처의 병원과 의사 선생님의 명단을 추천받았다. 그리고 문자로 온 정보를 그대로 고객에게 전달해주었다.

고객은 뜻밖의 정보에 무척 고마워했다. 나와의 인연이 오래된 게 아니었고 기존 담당자가 퇴사하면서 나한테 새로 배정된 고객이었다. 내게 보험 가입한 고객도 아니었지만 담당자로 배정된 이상 그분은 내 고객이었다. 낯선 곳으로 이사 온 고객이 나는 안쓰럽게 느껴졌던 것이다. 고객은 내가 추천해준 병원 중 한 곳의 의사 선생님을 찾아갔고, 그 의사에게 자궁 수술을 받게 되었다는 소식을 전해왔다.

수술이 끝났을 즈음 고객에게 안부 전화를 했다. 수술은 잘되었고, 퇴원 후 안정을 취하고 있다고 했다. 보험금은 청구하셨냐는 내 물음에 고객은 아직 정신이 없어서 신경을 못 썼다고 했다. 며칠 후에 병원에 다시 간다고 해서 나는 보험금 청구에 필요한 서류를 고객에게 말해주고는 그 내용을 문자로 다시 한 번 보내주었다.

"보험 가입도 설계사님한테 안 했는데 병원도 알아봐주시고 보험금 청구 건까지 챙겨주시는 거예요?"

고객은 언니처럼 신경 써주는 마음이 정말 고맙다고 했다. 사람은 아플 때 가장 서럽다. 나의 관심이 고객에게 도움이 되어 나 역시 행복했다.

INSURANCE

2장

REDESIGN

보험설계의
중심은
사람이다

사람마다 보험 플랜은 따로 있다

재무를 시작하라

요즘은 평균수명이 늘어나서 돈을 버는 기간보다 쓰는 기간이 훨씬 길어졌다. 따라서 안정적인 미래를 위해서는 자신의 수입과 소비 패턴을 정확하게 파악하는 것이 중요하다. 여유 있고 가치 있는 삶을 추구하는 데 꼭 필요한 재무 관리를 위해서는 재무 상담이 무엇보다 중요하다.

고등학교를 졸업하고 대학에 진학하지 않은 20세의 청춘 목표는 '꿈'을 이루는 것이다. 만약 30세에 퓨전한식 창업주가 되려고 꿈꾸는 20세의 청춘이 있다고 치자. 그는 창업주라는 그럴듯한 타이틀만을 꿈꾸는 것이 아니다. 타이틀을 뒷받침하기 위해 모든 과정을 기초부터 배우고 수련하면서 청춘의 땀과 노력, 시간을 있는 힘껏 쏟을 것이다. 그렇게 열정과 노력을 다한 20세 청춘에게는 많은 노하우와 실전 경험이 쌓일 것이다. 그런 과정을 거쳐 30세가 된 그에게 창업주라는 명성은 간판이 아닌 실력이 되는 것이다.

실력을 쌓는 동안 창업 자금을 모으는 20세 청춘이 가장 먼저 해야 할 일은 바로 재무 상담이다. 목표로 정한 꿈을 위해 매달 본인이 적립할 수 있는 금액과 기간을 설정하면, 재무 상담사는 30세 나이에 가장 많은 가치를 줄 수 있는 플랜을 제안한다. 고객의 소중한 꿈을 위해서 상담사는 고객의 수입과 지출에 맞는 현금 흐름을 제대로 파악해야 한다. 장기적인 적립과 단기적인 적립, 보장성 보험과 적립을 목적으로 하는 보험 모두가 재무 상담 안에 포함되어 있다.

눈에 보이지 않는 미래일수록 현재의 냉철한 판단이 중요하다. 다짐만 하고 행동하지 못하는 원인을 찾는 것 또한 재무 상담에서 해야 할 중요한 일이다. 그리고 구체적인 목표를 실현 가능한 플랜으로 만드는 것이 재무 상담에서는 중요한 결론이 된다. 재무 상담은 돈의 많고 적음과는 상관이 없다. 재테크처럼 자산 증식에만 초점을 둔다고도 볼 수 없다. 미래를 위해 자신의 현재 상태를 정확히 파악하는 것을 바탕으로 효율성을 극대화하는 것이라고 할 수 있다.

재무 상담에서 가장 중요한 것은 고객 맞춤이자 고객 실현이다. 일괄적일 수 없는 모든 고객의 각기 다른 상황에 각각의 플랜을 정확하게 제시할 수 있어야 한다. 고객이 찾는 가치를 위해 함께 고민할 수 있어야 한다.

사람 중심의 재무 설계란?

재무 설계는 각자 소득의 범위를 고려해서 저축과 소비를 합리적으로 설계하는 단계로, 길어진 노후까지 대비할 수 있는 자금을 계획하고 실천하는 게 가장 중요하다.

재무 설계는 또한 고객과의 재무 상담을 바탕으로 고객의 입장에서 효율성을 높일 수 있는 플랜을 찾는 단계이며, 고객이 원하는 가치추구를 파악해서 고객의 목표에 포커스를 맞추는 일이다. 이런 이유로 고객과의 충분한 대화를 통해 마련된 재무 상담을 기초로 고객의 환경까지 고려한 꼼꼼한 재무 설계를 실행해야 한다.

재무 설계는 설계사가 가장 많은 고민을 하는 단계이며, 시간을 많이 투자하는 단계라고 해도 과언이 아니다. 고객의 직업, 나이, 목표, 라이프스타일 모두가 재무 설계에 반영된다.

비혼주의 고객은 월급의 50% 정도를 노후 대비에 쓰고 싶어 한다. 이런 분들에게는 길어진 노후에 대비하는 연금상품을 제안한다. 그리고 또 한 가지, 고객이 여행을 좋아한다면 수시로 인출이 가능한 별도의 목적 자금 상품에 적립이 더해진 플랜을 제안해도 좋다.

반대로 결혼을 생각하는 고객의 목표는 주로 결혼 자금 마련이다. 은행처럼 자유로운 입출금 방식은 고객이 자주 인출할 가능성이 높으므로 권하지 않는다. 대신 확정으로 높은 금리를 적용받을 수 있는 상품을 제안하는 것이 좋다.

대학을 가는 대신 일찍 사회에 진출하여 소자본 창업을 목표로 하는 20세 고객에게는 친구들의 대학 졸업 시기에 맞추어 창업 자금 마련을 목표로 재무 설계를 한다. 주로 5년 이내 단기로 모을 수 있는 금융상품을 제안하는 것이 좋다.

이렇듯 각기 다른 재무 상황과 목표를 바탕으로 부합될 수 있는 최적의 제안서를 고객에게 제공해야 한다. 이때 고객의 모든 상황을 반영한 설계 플랜을 찾아내는 일은 오롯이 설계사의 몫이다.

고객의 목표를 빛나게 만들어줄 사람 중심의 재무 설계 핵심은 고객을 주인공으로 생각하는 마음이다. 장기적이고 계획적인 재무 설계는 고객의 인생을 계획하는 것이나 마찬가지이기 때문에 반드시 고객을 중심에 두어야 한다는 사실을 명심해야 한다.

| 인생 주기에 따른 재무 목표 및 추천 보험 |

인생 주기	주요 이슈	주요 재무 목표	추천 보험
사회 초년기 (20대)	졸업, 취직, 결혼.	• 결혼 자금 마련. • 독립 및 주거 자금 마련.	암보험, 연금저축보험, 종신보험.
가족 형성기 (30대)	자녀 출산 및 육아, 내 집 마련.	• 자녀 양육 자금. • 주택 구입 자금. • 부채 상환(결혼, 주택 등). • 자동차 구입.	암보험, 연금저축보험, 종신보험.
자녀 성장기 (40대)	자녀 교육, 자산 형성.	• 자녀 교육비. • 주택 넓히기.	치매·간병보험, 종신보험.
가족 성숙기 (50대)	자녀 결혼, 은퇴 및 노후 대비 점검.	• 자녀 대학 교육비. • 자녀 결혼 자금 마련. • 노후 준비.	치매·간병보험, 종신보험, 간병인 보험, 계속 받는 암보험.
노후 생활기 (60대 이후)	노후 생활 시작.	• 은퇴 후 생활 시작. • 건강 유지 비용 및 병원 진료비.	간병인 보험, 계속 받는 암보험, 노후 보장성 보험.

사람 중심의 재무 관리란?

재무 관리는 목표를 효율적으로 달성하기 위해서 계획하고 실행하는 모든 전반적인 과정을 말한다. 고객의 재무 목표를 달성하는 과정에서 고객의 상황이나 환경이 바뀌거나 변화가 필요한 순간이 오기도 한다. 고객이 어느 순간 불안정해진 수입 구조로 바뀐다면 재무 관리도 탄력적인 변화를 줘야 한다. 하지만 이런 중요한 순간에 설계사가 적극적이지 않거나 고객의 변화를 무시한다면 결국 고객의 최종 재무 목표가 바뀔 수도 있기 때문에 나는 재무 관리 단계가 가장 고객과 소통이 잘되어야 하는 단계라고 생각한다.

게다가 설계사가 바뀌거나 보험 일을 그만두는 경우가 재무 관리 사후의 가장 큰 문제점으로 작용할 수가 있다. 대부분 장기적인 상품에 가입하는 경우가 많기 때문에 설계사의 지속적인 관리는 고객의 재무 관리 목표에 가장 중요한 역할을 하게 된다.

재무 상담과 재무 설계까지 잘 이어졌다 하더라도 마지막 재무 관리 단계에서 고객에게 소홀하다면 고객은 불안함을 느끼게 된다. 목표를 수행하고 달성하기까지는 상당히 많은 시간이 걸린다. 그 시간 동안 고객은 설계사의 관심과 꾸준한 관리를 원한다.

설계사와 고객이 긴 시간 동안 파트너 관계를 유지하는 데 가장 필요한 전제 조건은 설계사를 전적으로 신뢰할 수 있다는 마음을 고객에게 심어주는 것뿐이다.

적립형 보험에 가입한 고객의 수입이 높아졌다고 가정해보자. 소비 패턴이 일정한 고객이라면 수입에서 적립을 조금 더 늘리는 것이 구조에 맞다. 그런데 이런 변화를 고객이 설계사와 편안하게 소통할 수 없는 관계라면 고객의 늘어난 수입은 오히려 소비로 이어질 수 있다. 하지만 늘 꾸준히 신뢰와 편안함을 느끼는 설계사에게 이런 변화를 말할 수 있는 고객이라면 담당 설계사는 고객의 적립금액을 늘리는 방법으로 고객의 재무 목표에 큰 도움을 줄 것이다.

사람 중심의 재무 관리는 설계사가 고객에게 믿음을 주는 일이다. 담당 설계사가 고객을 중심으로 생각하는 관리는 결국 고객 스스로 마음으로 느낄 수 있다. 사람 중심은 언제, 어느 경우라도 고객을 가장 중심에 놓고 생각함을 잊지 말자.

손해사정인의 도움으로 사고 6개월 후에 보상받은 남성

보장 확률이 높은 상품을 설계한다

친동생과 같이 보험 일을 하게 되면서 가장 좋은 점은 서로에게 힘이 되어줄 수 있고 업무를 서로 공유할 수 있다는 점이다. 특히 장거리 고객을 방문할 때 동반해서 갈 수 있다는 점은 큰 장점이다. 운전도 번갈아 하고 말벗도 되어 매우 편하다.

그날은 경상도에 있는 고객을 방문하는 날이었다. 주소지를 찍고 자차로 운전해 가는데, 시간이 갈수록 깊은 산속으로 들어가고 있었다. 정말 골짜기 같은 시골이었다. 이런 곳은 특히 밤에 운전하기가 난감했다. 경상도 예약만 세 건인 날이라 마지막 고객을 만나러 가는 길이었다. 우리는 오후 4시가 돼서야 목적지에 도착했다. 정겨운 시골집에 50대 부부 두 분만 살고 계셨다. 서울에 사는 딸의 부탁으로 찾아뵌 거라 두 분은 방문객인 우리를 따뜻하게 맞아주셨다.

주변을 둘러보니 온통 적막하다는 느낌이었다. 그래도 우리는 주인 내외가 타주신 따뜻하고 달달한 믹스 커피로 추위를 녹일 수 있었다. 따님한테 미리 전화를 받으셨는지 이미 가입된 보험증권을 꺼내 보여주셨다. 전화상으로 가입한 보험 한 건이 다였다.

"딸아이가 엄마 아빠도 이제 나이가 들어가는데 제대로 된 보험이라도 하나 있어야 한다고 신신당부했어요. 남편은 보험을 안 좋아하는데 딸이 하도 들라고 해서 오시라고 했습니다."

아내 되는 분이 말씀하셨다. 나는 우선 두 분의 건강 상황과 경제 상황을 확인했다. 보험은 한두 번이나 1~2년만 내고 끝나는 것이 아니기에 나이나 경제 상황에 맞아야 한다. 무엇보다 부담이 되지 않아야 했다. 물론 딸이 보험료 납입에 어느 정도 도움을 주기로 한 부분은 반영하고 살폈다.

다행히 남편분은 건강하셨지만 아내분은 복용하는 약이 꽤 많았다. 약을 먹는 고객한테는 오히려 발생 확률이 조금 더 높은 질병에 대한 대비가 필요하기 때문에 연관성 있는 보험 내용들을 찾아야 했다. 아내분이 걱정하는 질병은 치매였다. 혹시나 본인이 남편이나 자식들을 고생시키는 일이 생길까 봐 그게 가장 염려된다고 했다. 실제로 혈관성치매는 뇌졸중의 원인이 되는 고혈압, 당뇨, 고지혈증 등을 치료하면 예방할 수 있다.

아내분은 치매를 오랫동안 앓다가 돌아가신 시어머님의 병간호를 오랜 세월 하셨고 그래서 본인도 치매에 걸릴까 봐 걱정이 많았다. 실제로 고객이 약을 복용하고 있는 질병들과 치매는 관련이 있었다. 고혈압이나 당뇨처럼 우리나라의 대표적인 만성질환은 뇌혈관질환과 심혈관질환의 발생 원인과 사망 원인이 되기도 한다. 이런 이유로 만성질환의 고객한테는 오히려 앞으로 일어날 확률이 높은 질병들에 대한 보장을 미리 가입해두는 사람 중심의 설계를 하는 것이 고객을 위한 보험이 되는 것이다.

상담을 마치고 날이 어두워질 무렵에 다시 서울로 출발했다. 다음 날 출근해서 두 분에게 필요한 보장 내용을 찾기 위해 여러 보험회사 상품을 비교했다. 그러고는 마침내 적합한 상품을 찾아 심사를 받아두었다. 다음으로 서울에 있는 딸과 상의해서 자녀분과 부모님이 합의해서 함께 납입할 수 있는 적정 보험료를 결정했다. 보험설계를 끝내고 다시 경상도로 내려갔다. 두 분의 자필 사인을 받고 돌아오려는데 먼 길까지 와주어 감사하다며 옥수수, 떡, 과일을 챙겨주셨다. 정성이 느껴지는 마음에 감사하게 받았다. 경상도를 오가며 먼 길을 왕복했지만, 고객에게 맞춤 설계를 해줄 수 있어서 매우 보람된 하루였다.

고객의 보상에 정성을 들여라

경상도 고객에게 다녀오고 1년이 지난 어느 날 고객의 딸에게서 전화가 걸려왔다. “아버지가 오토바이를 타다가 사고가 났다”는 거였다. 아버님의 상태는 다리를 다치신 데다가 손가락도 굽어서 펴지질 않는다고 했다. 경상도 아버님께는 의료실비를 가입해드렸지만, 오토바이 사고는 보장이 되지 않았다.

나는 경상도 고객님께 전화를 드렸다. 전화를 받은 아내분 말씀으로는 이미 사고가 난 지 6개월이나 지났는데 아직도 손가락이 낫질 않아 고생이라고 했다. 딸이 걱정할까 봐 그간 얘기도 안 하고 있었고, 게다가 보험 생각은 하지도 못했다고 했다. 딸이 명절 때 집에 다녀가면서 사고를 알게 되었다고 했다.

사고는 오토바이를 타다가 일어난 일이 맞았다. 1년 전 보험에 가입할 때만 해도 그 댁에 오토바이가 없었기에 어떻게 된 상황인지 정확한 사유를 알아야 했다. 이런 경우는 보상이 된다, 안 된다를 말할 수 없었다. 설사 보상 여부를 진행할 수 있다 하더라도 좀 더 특화된 전문가의 도움이 필요한 상황이었다. 아내분께 사고와 관련해서 다른 담당자가 걸어오는 전화를 잘 받아달라고 당부의 말씀을 드렸다.

전화를 끊고는 평소 업무 협조를 구하는 손해사정인에게 전화를 걸었다. 대략적으로 사건을 설명하고 이번 보상 건에 대해서 도움을 주십사 부탁드렸다. 그리고 경상도 고객님의 연락처를 가르쳐드렸다.

그다음 날 손해사정인에게 다시 전화를 했다. 고객이 바쁘다는 말에 다시 통화하기로 했다고 한다. 나는 궁금했지만 기다려야 했다. 그리고 며칠 후 손해사정인에게서 전화가 왔다.

"실장님, 아무래도 경상도에 내려가서 자초지종을 정확히 듣고 확인을 해야 알겠어요."

궁금해하는 서울의 딸에게는 이런 경우 시간이 좀 걸릴 수 있으니

기다려달라고 얘기했다.

무엇보다 경상도 아버님의 손가락이 잘 나을 수 있어야 할 텐데 내심 걱정스러웠다. 대부분의 부모님들은 자식 걱정에 아픈 것도 너무 잘 참으시지만, 자식 입장에서는 그것도 답답한 일이다. 오히려 빨리 치료하면 될 일을 시간만 지체하다가 더 악화되는 일이 많아 그게 더 속상할 때가 많은 것이다.

그렇게 시간이 한 달 정도 흘렀다. 경상도 고객의 보상 건은 오히려 고객이 더 바빠서 한 달 이상 걸렸다. 손해사정인의 설명으로는 고객 소유로 된 오토바이는 아니었다고 했다. 농기구를 옮기느라 친구분 오토바이를 잠깐 사용하다가 내리막길에서 사고가 있었다고 했다. 다행인 것은 오토바이 사고인 경우 원래 보상이 안 되는 것이 맞지만, 예외적으로 일회성인 경우는 보상이 가능하다고 했다. 게다가 더욱 다행스럽게도 내가 가입해준 보험 중에서 상해후유 3%라는 보장 내용이 고객에게 도움을 줄 수 있을 것 같다고 했다.

하지만 병원의 소견도 중요했기 때문에 이런 보상 처리는 아무래도 전문가인 손해사정인의 도움이 적극적으로 필요했다. 물론 고객이 부담해야 하는 수수료는 일정 부분 들었지만 그래도 향후에 손가락에 지속적인 문제가 남을 수도 있기에 신중을 기했다. 경상도 부부 고객은 손해사정인이 구수한 사투리를 쓰면서도 정말 친절하게 일처리를 해줘서 든든한 아들을 만난 기분이라고 했다.

그렇게 두 달 이상의 시간이 지날 무렵이었다. 손해사정인이 사무실로 찾아왔다. 경상도 아버님의 사고 건은 마무리가 잘되었다고 했다. 다행히 내가 가입해준 보험에서 1 ,000만 원의 보험금이 나왔다고 했다.

"역시 우리 손해사정사님이 최고예요! 능력자세요."

격려의 말을 전했다. 쑥스러워하셨지만 그래도 기분은 좋아 보였다. 자동차보험, 일반 보장성 보험에도 경력이 많은 분이어서 그런지 어려운 보험 청구 건에 대해서도 많은 도움을 받고 있다.

나는 보상 문제에서만큼은 고객의 편에서 함께하고자 하지만 내 힘으로는 안 되는 경우가 종종 생긴다. 그럴 때는 전문가의 도움이 필요하다. 특히 손해사정인과의 업무 협력은 매우 중요한 대목이다. 이 분 덕택에 내 고객에게 많은 도움을 줄 수 있어 기뻤고, 또 하나의 뿌듯한 해결로 기록될 수 있어 매우 만족스러운 기억으로 남아 있다.

탄탄한 가족보험으로 리모델링한 학교 선생님

마음을 열면 말문이 열린다

보험을 하다 보면 많은 직업군과 상담을 하게 된다. 교도소에서 수감자 관리를 하는 교도관, 관광버스 기사님, 자동차 부품 생산자, 변호사, 의사, 경찰 등 다양한 고객과 인연을 맺는다. 하지만 학교 선생님들과의 보험 계약은 쉽지 않았던 적이 많았다. 아무래도 '타인을 가르치는 직업이기 때문일까?'라는 생각을 잠깐 해본 적도 있다.

3개월에 걸쳐 통화만 하던 중학교 선생님이 어느 날 상담을 받고 싶다고 했다. 공무원이라면 모두 노후가 편할 거라는 막연한 부러움과는 달리 본인만의 노후에 대한 고민과 걱정이 많은 분이었다. 특히 시부모님과 함께 사는 터라 부담감을 떨치기 힘들어했다. 그래서 오히려 선생님의 자녀들이 본인 때문에 힘들어할까 봐 걱정이라는 생각을 미리부터 하게 된다고 했다.

기존에 담당했던 설계사는 한 군데 보험회사에 소속되어 있었다. 대형 보험사라는 믿음이 있어서 좋은 것만 가입됐을 거라고 생각했는데, 어느 날 방송에서 보험 특집 프로그램을 보다가 본인이 가입한 보험에 의구심이 생겨 전화로 여러 군데 상담을 받았다고 했다. 그런데 상담을 받을 때마다 설계사가 무조건 만나자고 하거나 증권을 팩스로 받아본 경우에는 무조건 해지를 권유받아 결정하는 데 어려움을 겪고 있는 중이라 했다. 특히 해지를 권유하는 설계사의 경우 좀 더 생각할 시간을 달라고 말하면 갑자기 목소리가 변하면서 전화를 끊어버리는 일이 잦다고 했다.

"설계사님은 시간이 갈수록 통화하는 것도 편했고 믿음이 생겼습니다."

선생님은 다른 설계사분들한테는 부담감을 느꼈는데 나한테는 예외라고 했다. 고마운 말이었다. 본인을 전혀 모르는 사람한테 객관적이고 정확한 설명을 들어보고 싶었는데 그중 내가 만나고 싶은 사람이었다고 했다. 3개월 동안 나와 통화하면서 쉽게 만남을 결정하지 못했던 이유를 비로소 이해할 수 있었다.

그 고객이 가입한 보험의 개수나 보험료는 적지 않았다. 먼저 가입해둔 보험을 어떤 목적으로 알고 보험료를 내고 있는지와 보험으로 어떤 걸 보상받고 싶은지에 관해서 상담을 했다. 그리고 증권의 개수가 많았기 때문에 다시 일정을 잡기로 하고 1차 상담을 마무리했다.

그분의 기존 증권에는 의외로 문제가 많았다. 자녀들을 위한 학자금, 결혼 자금으로 적립하는 보험에도 추가납입은 이뤄지지 않고 있었다. 예를 들어 적립을 할 때는 자신이 낼 수 있는 한 달 보험료가 30만 원이라고 가정해보자. 그러면 사람 중심의 설계사인 경우는 30만 원의 절반인 15만 원을 보험회사에 들어가는 기본적인 의무보험료로 정하고, 나머지 반인 15만 원을 '추가납입' 보험료로 넣으라는 말을 고객에게 해줘야 한다. 추가납입이라는 말은 결국 기본 보험료의 한 배 또는 두 배까지를 말 그대로 추가로 납입하는 보험료의 개념이다. 사업비는 거의 빠지지 않기 때문에 고객에게 득이 되는 보험의 구조가 된다. 반대로 말하면 보험회사에는 유리한 내용이 아니기 때문에 추가납입의 한도는 갈수록 축소되고 있는 실정이다. 이런 내용들을 말하지 않는 설계사는 본인의 수당이 반으로 줄어드는 것이 싫거나, 설계사인 본인도 내용을 알지 못하는 경우가 과거에는 많았다.

그리고 암보험에도 문제가 많았다. 3년마다 계속 갱신되기 때문에 젊을 때는 크게 티가 나지 않는 보험료이지만 계속 나이가 들어가면 얼마나 더 오를지 문제였다. 지금도 갱신형 암보험은 생각보다 많은 보험료가 올라가고 있다. 그리고 갱신형은 보험이 끝나는 만기 전까지는 계속 납입을 해야 한다는 불안정한 특징도 있었다. 게다가 우리나라 발병률 중 높아져가고 있는 대장점막내암, 전립선암은 다른 회사들보다 훨씬 적게 지급되는 내용으로 가입되어 있었다.

끝까지 비교해서 고객을 만족시킨다

이런 문제점들을 2차 상담 때 설명했고, 증권만으로는 알 수 없는 부분은 보험회사 콜센터로 전화해서 확인했다. 예상했던 대로 콜센터의 답변은 내가 고객에게 해준 말과 같았기 때문에 고객은 확실하게 이해할 수 있었다.

다행히 적립형 보험은 가입한 지 얼마 되지 않은 상태였기에 바로 추가납입 신청을 도와드렸다. 추가납입을 하지 않을 때와 비교했을 때 차이 나는 적립금액을 고객에게 숫자로 보여주었다.

"정말 우리 아들 결혼시킬 때 이 돈을 인출해도 시간이 지나면 또다시 목돈이 되네요?"

선생님은 천진한 어린아이 같았다. 늘어나는 적립액을 보면 기분이 좋아질 것 같아서 제안서를 서랍에 넣어놓고 힘들 때 애들 생각하면서 봐야겠다고 했다.

이렇게 해서 한 가지는 해결이 되었다. 다음 문제는 선생님이 아파트를 마련할 때 생긴 대출 잔금 1억 원이었다. 아직 자녀들은 초등학생과 중학생으로 나이가 어리기 때문에 부모 중 한 명이라도 사망하면 소득에 문제가 생겼다. 그런 경우 남아 있는 대출금과 이자 때문에 집을 줄여가는 사례를 실제로 많이 봤다. 이런 이유로 자녀가 어릴 때에는 부모의 사망보험금 역시 필요했다.

하지만 종신보험은 1억 원을 보장받으려고 해도 보험료가 부담이 된다. 그래서 자녀들이 성인이 되는 시점을 계산해서 15년 정도 기간만 보장받는 저렴한 정기보험에 가입할 것을 권유했다. 종신보험으로

30만 원을 납입하는 것은 부담스럽지만 정기보험으로 3만~4만 원 납입하는 것은 훨씬 부담이 덜하기 때문이다.

하지만 선생님의 경우는 정기보험이 싫다고 했다. 이유인즉슨 사람 일은 어떻게 될지 모르는데 정기보험으로 15년 기간이 너무 짧다는 것이다. 그리고 다른 하나는 정기보험은 소멸성 보험이라 15년 뒤에 전혀 돌려받을 환급금이 없다는 게 마음에 들지 않는다고 했다. 종신보험은 나중에 해지하게 되면 돌려받는 부분이 있기에 이 부분에서도 정기보험을 드는 것이 더 손해 같다고 했다. 그러나 이분은 자녀의 적립보험 때문에 추가납입까지 보험료가 들어가는 상황이라 종신보험을 낼 여력이 없었다.

이럴 때 필요한 건 고객을 위한 사람 중심의 또 다른 비교다. 여기저기 보험회사 상품을 설계하느라 반나절을 책상 앞에서 꼼짝도 하지 않았다. 그러다 보험료는 종신보험의 3분의 1로 저렴한데 사망보험금을 1억 원에 맞출 수 있는 방법을 찾아냈다. 종신보험과 정기보험을 적절히 조합할 수 있는 상품이었다. 납입은 총 20년을 계산했다. 12만 원 정도의 보험료로 처음 10년간 납입한다. 그리고 10년이 지나면서는 2만 원 정도 보험료가 오른다. 그러면 총 14만 원 정도의 보험료로 다시 10년을 납입한다. 그러면 총 20년을 납입하게 되는 것이다. 그렇게 납입을 끝내면 된다. 다만 특약은 더는 갱신을 하지 않겠다고 보험회사에 전화 한 통 하면 끝나는 것이다. 물론 전화 통화가 끝난 후부터는 사망보험금은 3,000만 원으로 줄어든다. 하지만 20년 동안 자녀들은 모두 성장해 있다. 그리고 20년 납입 후 바로 해지를 한다고 하더라도 그동안 약 3,200만 원 정도 냈던 보험료 대비 3,100만 원 정도를 받을 수가 있다. 그런데 만약 10년 정도 더 거치하고 해지한다면 3,700만 원 정도를 받을 수가 있다. 또 꼭 해지하지 않더라도 계속적으로 해지환급금은 상승한다.

선생님은 매우 만족해하셨다. 마지막 문제는 암보험과 질병, 상해 보장들에 관한 변경이었다. 가장 중요한 보장의 범위는 빠지지 않고 다 충족되면서 저렴한 곳을 택했다. 중간에 갱신되는 보험료 변경 없는 비갱신보험을 주력으로 만들었다. 그리고 부족한 부분은 30년과 20년 갱신형 보험으로 커버했다. 이런 복층 설계의 장점은 전부 100세로 가야 하는 보험일 경우 보험료 부담이 크다는 데 있었다.

암이라는 질병을 예로 든다면 20대, 30대에 암이 진단되면 60대, 70대 어르신들보다 혈액순환이 훨씬 빠를 때라 그만큼 위험도가 높아진다. 이런 이유에서 오히려 젊을 때는 진단 자금이 더 크게 필요할 수가 있기 때문에 비갱신암보험으로 1억을 만드는 것보다는 5,000만 원 비갱신보험, 5,000만 원 갱신보험 이런 식으로 복층 설계를 하는 것이 보험료를 줄이는 방법이 된다. 다만 갱신되는 보험은 30년, 20년 후에는 보험료의 상승으로 유지하지 못할 수도 있다는 생각과 계산을 반드시 염두에 두어야 한다.

이 부분까지도 선생님은 모두 만족해했다. 이런 방법이 있었는지는 미처 몰랐다고 했다.

"설계사님 만나서 정말 보험이라는 게 어떤 건지를 제대로 알았어요. 보험 선생님으로 핸드폰에 저장했어요."

선생님은 웃으면서 얘기해주었다. 나 역시 행복한 상담과 행복한 설계에 뿌듯했다. 물론 진정한 관리는 이제부터가 시작이지만, 안정적인 보험설계는 고객을 계속 안전하게 지켜줄 것이다.

| 30대 여성 기준 종신보험 20년 납, 12만 원, 정기특약 7,000만 원 가입(갱신형) |

	가입 금액	보험 기간	납입 기간	월 보험료	사망보험금
주계약	3,000만 원	종신	20년	10만 원	1억 원
특약	7,000만 원	10년	10년	2만 원	

⬇

10년간 총납입보험료 1,440만 원

10년 후 갱신

	가입 금액	보험 기간	납입 기간	월 보험료	사망보험금
주계약	3,000만 원	종신	20년	10만 원	1억 원
특약	7,000만 원	10년	10년	4만 원	

⬇

10년간 총납입보험료 1,680만 원

- 20년간 총납입보험료 3,120만 원.
- 정기특약 7,000만 원 갱신 중지
  → 피보험자 사망 시 주계약 종신 3,000만 원을 유족에게 지급.
- 주계약 종신 3,000만 원, 20년 납입 완료.
- 자녀가 성인이 된 시점이라 계약 해지하면 해지환급금 3,100만 원 수령 가능.
- 금리 적용 가능하므로 10년 거치하면 해지환급금 3,700만 원 수령 가능.

병력이 있는데도 가입해 보상을 받은 여성

솔직함이 생명이다

의료실비보험은 현재 가입률보다 보상건의 청구가 훨씬 높다. 다양한 질병과 사고로 병원에는 날마다 환자로 가득 차고 그만큼 보험금 청구 건도 많아지는 추세다. 실정이 이렇다 보니 결국 보험료는 계속 올라가고, 의료실비보험의 잦은 개정으로 보장 내용은 갈수록 떨어지고 있다.

게다가 의료실비보험 청구 건은 보험회사들에 이력으로 계속 남을 수 있기 때문에 의료실비보험 청구 후 고객이 보험 리모델링을 할 때 제약을 받을 수 있다. 예를 들면 위염으로 7일 정도 약을 복용했다가 1년 후 건강검진 때 다시 위염이 생겨 다시 2주 정도 약을 복용했다면,

연속 2년간 위염으로 약을 복용한 이력이 남게 되어 암보험에 가입하고자 할 경우 일정 기간 동안 보장받을 수 없는 부담보 조건이나 할증된 보험료로 가입을 해야 하거나 서류를 내야 하는 등의 문제가 생길 수 있다. 위암 걱정으로 암보험을 들려 해도 정작 의료실비보험 청구력 때문에 제약을 받는 상황이 생기는 것이다.

어느 날 유난히 목소리가 떨떠름한 여성 고객과 통화를 했다. 어느 고객의 소개로 전화를 건 것이었는데, 소개 전화라고는 전혀 느껴지지 않을 만큼 억지로 통화하고 있다는 느낌이 들었다.

"이미 많은 설계사들과 통화를 해봤는데 가입이 어렵다고만 했어요. 시간 낭비라 통화하고 싶지 않았는데 친구가 그래도 한번 받아보라고 하도 성화해서 전화를 받았어요."

고객은 곧 속내를 털어놓았다. 난 속으로 조금 당황했지만 어느 정도 이해는 되었다. 보통의 설계사들은 가입이 힘든 조건이거나 본인에게 수당이 제대로 떨어지지 않는 경우거나 이득이 되지 않는 경우 굳이 고객에게 적극적으로 다가서지 않는다. 물론 그렇지 않은 설계사도 있지만, 거절에 상처받지 않는 사람은 없기 때문에 질병이나 아픔을 겪고 있는 고객에게는 상담마저도 힘들 수 있다. 고객의 질병이나 상황을 알아야 방법을 찾을 수 있는데 억지로 전화를 받은 고객한테 보험 얘기를 꺼낸다는 게 영 조심스러웠다.

"고객님, 보험 가입이 쉽게 되면 너무 좋겠지만 그렇지 않은 경우도 생각보다 많아요. 요즘은 이름도 생소한 질병이 너무 많고 환경도 안 좋아졌고 유전적인 부분도 있거든요. 저도 엄마가 투석 중이시라 솔직히 신장 기능은 좀 걱정이 되는 편입니다."

조용히 내 얘기를 들은 고객은 "그래도 설계사님 어머님은 보험 가입이 다 되어 있을 거 아니에요?"라고 물어왔다. 순간 머릿속이 혼란스러웠다. 고객의 말이 맞았다. 나는 적어도 엄마의 보험이 어느 정도 준비가 되어 있기 때문에 도움을 많이 받고 있었던 게 사실이었으니 말이다. 고객은 보험이 전혀 없을 때 아픈 데가 많아지는 바람에 보험에 가입할 수가 없었다. 본의 아니게 고객을 더 우울하게 만드는 것 같아 마음이 쓰였다.

"제가 보험 일을 하니까 기본적인 것만 해두었어요."

그렇게 말하면서도 고객 눈치가 보였다. 그러나 나는 돌려서 말하는 것보다는 오히려 솔직한 게 좋다는 생각이 들었다.

"고객님, 제가 솔직히 말씀드릴게요. 우리나라에 보험회사도 많고 보험설계사도 많잖아요. 그 수많은 경우 중에서 고객님께서 다 안 된다는 소리를 들으셨으니 심란하셨을 거예요. 하지만 항상 예외는 있는 법이니까, 저한테 고객님 상황을 말씀해주시면 제가 시간이 좀 걸리면 걸린다, 안 되면 안 된다, 당장은 모르겠다 등 솔직한 답을 드릴 수 있을 것 같아요."

잠시 정적이 흘렀다. 그리고 고객은 본인의 얘기를 꺼내놓기 시작했다.

진심을 전한다

고객은 8년 전 유방암 진단을 받고 수술을 받았다. 그리고 5~6년 전부터는 우울증 약을 가끔씩 간헐적으로 복용했다. 6개월 전쯤에는 간수치가 높다는 소리에 간장약을 먹었다. 또 허리디스크 진단을 받았지만 언제쯤인지는 몰랐다.

그렇게 고객의 얘기는 끝났고, 이제 내가 답변을 해야 할 차례였다.

고객은 아무 말씀도 없었지만 내 속에서는 고객이 '솔직하게 얘기하라고 해서 그대로 얘기했으니 이제 설계사 당신 차례네요'라고 말하고 있다는 생각이 들었다.

10년 전 당시 기준으로는 정말 거의 가입해줄 만한 상품이 없었다. 그래도 대답은 해야 했다.

"고객님, 지금 조건에서 가입할 수 있는 보험은 종신보험입니다. 정확히 말씀드려, 이 보험은 고객님께서 돌아가시면 유족에게 3,000만 원을 남길 수 있는 상품입니다. 보험료는 20만 원입니다. 그리고 암보험과 관련해서는, 고객님께서 암 치료를 끝내시고 완치 판정 후 5년이 지나면 가입을 도와드릴 수 있습니다. 다만 간수치에 대한 부분은 서류를 내셔야 가능합니다."

고객은 내 말을 듣더니 당장 종신보험에 가입하겠다고 했다. 나는 너무 당황스러웠다.

"고객님, 종신보험은 아플 때, 다칠 때 보험금이 나가는 게 아니에요. 물론 고객님께 그런 일이 일어나면 안 되겠지만요. 이 보험의 성격은 어디까지나 고객님 사망 후 가족들이 받게 되는 겁니다."

고객은 내 말을 제대로 알아들었다고 했다. 나로서는 이해가 되지 않았지만 몇 번을 설득해도 고객은 가입을 하겠다고 했다. 사실 지금까지 보험 일을 하면서도 이런 경우는 그때 딱 한 번뿐이었다.

고객이 해당 종신보험에 가입하고 이를 유지하는 동안 나는 고객과 많이 가까워졌다. 그리고 3년 후에는 암보험에도 가입시켜드릴 수 있게 되었다. 유방암 완치 후 5년이 지났기 때문에 가입 조건이 가능했던 것이다. 물론 간수치는 다시 검사를 받았고, 다행히 이상이 없다는 소견이 나왔기에 서류를 제출해서 가입했다. 다른 건 몰라도 정말 암보험은 꼭 가입하고 싶었다는 고객의 얘기에 그동안 궁금했지만 물어볼 수 없었던 질문을 했다.

"그런데 왜 처음에 종신보험에 가입하겠다고 하셨어요?"

그제야 고객은 시간이 이만큼 지났으니 이제는 말해줄 수 있다며 입을 열었다. 이 고객은 암으로 힘든 시기를 지내고 채 2년이 안 된 어느 날 사고로 아들을 잃었다. 그런데 1년 후에 폐암으로 투병 중이던 친동생마저 하늘나라로 떠나보냈다고 했다. 사연을 들으며 나는 고객에게 너무 미안하고 죄송한 마음까지 들었다. 이렇게 힘든 얘기를 가슴에 묻고 어떻게 우울증이 오지 않을 수 있었겠는가? 듣는 동안 흐르는 내 눈물마저도 고객에게 미안했다.

하지만 얘기는 거기서 끝나지 않았다. 얼마 후 친정어머니까지 돌아가셨다는 거였다. 이러면 사람이 과연 살아낼 수 있을까? 고객이 존경스럽기까지 했다. 줄초상이라는 말을 들어본 적은 있지만 정말 드라마에서나 나올 법한 일 같았다. 말을 마친 그분은 내게 말했다.

"남은 딸아이한테 주려고 종신보험에 가입해달라는 거였어요. 내가 잘못되면 딸이 너무 불쌍해서 그거라도 남기고 싶었거든요."

고객은 말을 이어갔다.

"처음에 설계사님이 나한테 어디가 아픈지 솔직히 얘기해달라는 게 나는 오히려 마음이 편했어요. 그런데 자신 있게 종신보험 가입이 된다는 거예요. 살고 싶은 마음도 없었는데 아픈 데도 많아서 빨리 죽을지도 모른다는 생각도 들었고요."

나는 고객의 손을 잡았다. 지금은 괜찮다며 고객이 살짝 미소를 보여줬지만, 그것마저도 마음이 매우 아팠다.

그 뒤로 나는 고객에게 꽃다발을 보냈다. 기분 전환이 되면 훨씬 좋을 것 같은 생각이 들었기 때문이다. 고객은 예쁜 선물을 주어 고맙다고 좋아했다. 다행히 고객은 건강을 찾아가고 있었고, 많이 밝은 모습으로 돌아가는 듯해서 다행이었다. 그리고 좋은 보험이 나오면 꼭 얘기해달라고 했다. 나는 정말 도움이 될 것 같은 보험만 가입을 도와드렸다. 얼마쯤 뒤에 고객은 눈이 안개 낀 것처럼 보여 안과에서 백내장 수술을 권유받았다고 했다. 그렇게 처음으로 백내장 수술비 100만 원을 받으면서 고객은 너무 든든했다고 한다.

"내가 내 돈 내고 받는 보험금이지만 왠지 든든하네요. 이게 보험이 주는 힘인가요? 보험이 없는 것보다는 가입이 아예 안 된다는 게 괜히 슬프더라고요."

수술 후에 만나서 그분께 들은 얘기였다.

"설계사님이 다른 설계사랑 다른 게 뭔지 알아요?"

그분이 나에게 질문을 해왔다.

"뭐가 다른데요?"

"고객에게 진심으로 관심을 갖는 마음요."

정말 감동이었다. 내가 포기하지 않는다면 고객은 끝내 기다리는 구나. 이는 고객이 내게 주는 교훈이었고 내가 추구하는 사람 중심 보험의 결과였다.

한꺼번에 입원한 쌍둥이에게 보험으로 간병인을 붙인 워킹맘

친언니가 보험설계사라서……

딸아이가 초등학교 2학년 때 같은 반 아이들 세 명과 친해졌다. 학교에 갔던 적이 거의 없었지만 급식 봉사로 엄마들을 만나게 된 이후 지금까지 친분을 이어오고 있다. 오히려 아이들은 고등학교, 대학교가 모두 갈라지면서 연락을 잘 안 하지만 엄마들끼리는 시간이 갈수록 더 끈끈한 인연을 맺고 있다. 그중 한 엄마가 쌍둥이 아들을 키우고 있다. "아플 때는 신기하게 꼭 둘이 함께 아파서 내가 더 힘들다"고 말한 적이 있다. "떨어져 있을 때는 텔레파시가 통하는 것처럼 둘이 서로를 찾는다"고도 했다. 키워보지 않은 쌍둥이 얘기가 참 신기했다.

어느 날 고객과 잡힌 상담 약속 때문에 지하철을 타고 약속 장소로

가고 있었다. 퇴근 시간 무렵이라 지하철 안에는 사람들이 빼곡했다. 그 순간 진동으로 되어 있는 핸드폰이 울렸다. 하지만 무거운 가방을 내린 손을 들어올리기가 힘들 만큼 사람들로 몸이 꽉 끼어 있었다. 혹시 고객의 전화일 수도 있다는 생각에 다음 역에서 급하게 내렸다. 역시 고객이었다. '집에 급한 일이 있어서 너무 죄송하지만 내일 점심시간으로 약속 시간을 바꿀 수 있을까요?'라는 문자였다. '내일 점심시간으로 변경해드리겠습니다. 조심해서 들어가세요'라고 답장을 하고는 반대편 지하철을 타고 집으로 귀가했다.

다음 날 점심시간에 만난 고객은 직장에 다니는 워킹 맘이자 쌍둥이 엄마였다.

"어제는 너무 죄송했어요. 딸아이가 컨디션이 안 좋았는지 자꾸 엄마를 찾는다고, 친정어머니가 웬만하면 빨리 오라고 해서 어쩔 수가 없었어요."

고객은 내게 정중히 사과했다. 나는 아무래도 괜찮다고 했다. 쌍둥이를 키워보지 않아서 잘 모르겠지만 고충은 충분히 이해할 수 있었다. 쌍둥이 딸들은 오후 6시면 유치원에서 집으로 돌아온다고 했다. 근처에 사는 친정어머니가 저녁에 두 시간 정도는 아이들을 봐주셔서 그나마 직장생활을 할 수 있다고 했다.

"똑같이 내 뱃속에서 낳았는데, 하나는 너무 예민하고 하나는 너무 무덤덤하고 어떻게 그렇게 다른지 모르겠어요."

그 순간 내 머릿속에는 같은 딸 쌍둥이는 아니지만, 지인 엄마의 아들 쌍둥이가 떠올랐다. 고객은 모르는 사람이었지만 나도 모르게 쌍둥이라는 공감대에 빠져들어 쌍둥이 아이들 이야기로 한동안 꽃을 피웠다.

고객은 쌍둥이들 위로 아들을 하나 더 두고 있었다. 터울이 10년 이상 나는 터라 쌍둥이들과는 싸울 일이 없을 것 같지만 아들이 사춘기에 접어든 탓에 오히려 더 힘들다고 했다.

"전 애가 네 명인 거 같아요. 아들 두 명에 딸 두 명."

나는 무슨 말인지 대번에 알아들었다. 고객과 나는 소리 내어 웃었다.

고객은 친언니가 보험 일을 해서 가족 모두 언니한테 보험을 맡겼다고 했다. 꼭 필요하니 무조건 가입해야 한다고 해서 언니 말을 듣고 가입하고, 이건 필요 없으니 없애야 한다고 해서 언니 말을 듣고 없애고, 이런 식으로 보험을 여러 개 갈아타고 하는 바람에 남편하고도 많이 싸웠다고 했다. 그러다 어느 날 언니가 보험 일을 갑자기 그만두었고, 이제는 언니하고 연락도 안 하고 지낸다고 했다.

노트북을 통해서 고객이 갖고 있는 보험 내역을 확인할 수 있었다. 정말 설계하기 쉽고 가입하기 쉬운 보험들로만 가입되어 있었다. 보장을 위한 설계보다는 말 그대로 설계사를 위한 상품들로만 채워져 있었다. 이렇게 전체를 손대는 보험은 고객에게 말하는 것도 쉽지가 않다. 꼭 나의 이득을 위해서 전체를 바꾸는 것 같은 느낌을 받을까 봐 염려되기 때문이다. 그러나 그런 걱정을 하기조차 힘들 만큼 현재 고객의 보험은 매우 위험한 상태였다. 이럴 때 나는 자신감이 충만해진다.

고객도 문제점이 있을 거라고 예상은 했지만 전체를 바꿔야 하는 정도는 예상하지 못했다고 했다. 그러면서 그동안 언니 때문에 제대로 유지하지도 못한 채 손해만 봤으므로 이제부터라도 제대로 된 보험을 만들고 싶다고 뜻을 밝혔다. 이렇게 보험에 상처가 있는 고객은 더 정성스럽게 생각하게 되고 더 신중할 수밖에 없다. 두 번 다시 보험이 상처가 되어서는 안 되기 때문이다.

자매가 보험설계사니까……

고객은 친언니 때문에 보험에 대한 불신이 생긴 본인보다 남편의 불신이 훨씬 심하다고 했다. 고객의 남편은 처형으로 인해 보험에 대한 믿음을 상실한 상태였다. 나는 고객에게, 부군과 함께 다른 날을 잡아 상담을 같이 해보자고 제안했다. 내가 아무리 좋은 비교와 설계를 통해서 탄탄한 보험을 만들어준다고 해도, 결국 당사자가 이해를 하지 못한다면 또 흔들리는 보험이 되거나 부부싸움으로 이어질 수도 있기 때문이다. 고객은 그렇게 하는 게 좋겠다고 했고, 남편과 의논 후에 다시 일정을 잡기로 했다.

3일 후 고객에게서 연락이 왔다. 드디어 남편을 설득했다고 고객은 오히려 목소리가 들떠 있었다. 나는 상담 장소를 일부러 고객의 집으로 정했다. 퇴근 후 편안한 장소에서 얘기를 나누는 것이 좋다고 생각했다. 그리고 동생과 함께 고객의 집을 방문했다. 같이 간 내 친동생은 보험 일을 하게 된 계기를 설명했다.

"언니가 오랜 시간 보험 일을 하면서 힘든 것도 봤지만, 당당하게 일하는 게 너무 좋아 보였어요. 그리고 고객들이 계속 언니한테 고맙다, 감사하다고 하는 게 내심 많이 부러웠고요."

친동생의 얘기를 고객의 남편은 관심 있게 들었다. 동생은 이야기를 마치더니 쌍둥이들과 놀아준다며 자리를 떴다. 평소에도 아이들이라면 눈을 떼지 못할 정도로 정신을 빼앗기는 동생인데, 예쁜 쌍둥이들을 보자 어쩔 줄 몰라 했다. 그 사이에 나는 고객 부부에게 현재의 문제점과 앞으로의 대안에 대해서 설명했다. 고객의 남편은 의외로 잘 이해했고, 궁금한 점을 구체적으로 물어왔다.

그렇게 1차 상담을 마치고 모든 비교와 설계를 통해서 고객 부부가 완전히 소화할 수 있는 보험을 만들었다. 그 후로 남편분은 궁금한 게 생기면 언제든 편안하게 내게 전화를 해왔다. 그러던 어느 날 쌍둥이 워킹 맘에게서 전화가 왔다.

"설계사님, 그때 우리 애들 입원하면 간병인 나오는 거 있댔죠?"

다급한 목소리였다. 나는 가능하다고 얼른 답하고는 신청 방법과 전화번호를 가르쳐주었다. 저녁 늦게 쌍둥이 엄마에게 상황을 물어볼 겸 전화를 걸었다. 쌍둥이들이 입원을 해서 병원에 있다고 했다.

"냉장고에 며칠 놔두었던 감자샐러드를 할머니한테 달라고 했나봐요. 친정어머니는 전자레인지에 데워서 애들한테 줬다고 했는데, 아무래도 그걸 먹고 탈이 난 것 같아요."

퇴근하고 집에 갔더니 애들이 복통에 고열로 계속 토하는 통에 집안이 난리였다고 했다. 다행히 남편분의 퇴근 시간 무렵이어서 부부가 함께 애들을 병원으로 빨리 옮길 수 있었다.

간병인은 하루 전에 미리 신청해야 가능하기에 입원 첫날은 쌍둥이 엄마와 아빠가 함께 간병을 해야 했다. 그리고 다음 날부터는 간병인 두 명이 쌍둥이가 입원한 병원으로 배치되었다. 쌍둥이는 일주일 만에 건강하게 퇴원할 수 있었다.

사실 쌍둥이 엄마는 보험 상담할 때 간병인에 대한 부분을 많이 고민했었다. 보험료가 크게 부담되는 건 아니었지만 간병인이 아이들에게 필요할 일이 있을까 고민했던 것이다. 하지만 나는 워킹 맘이라는 고객의 상황과 내 지인 쌍둥이 엄마의 말, "쌍둥이는 꼭 같이 아프다"는 얘기를 기억했다. 물론 농담으로 들을 수도 있는 얘기였지만 실제로 같은 음식을 먹게 될 확률 또한 높은 게 사실이었다. 게다가 아직은 어린아이들이기 때문에 외부 저항에도 약하고 면역력도 약했다. 그래서 강력하게 꼭 간병인을 넣어 설계해야 한다고 주장했다. 필요없다 싶으면 중간에 뺄 수 있는 보장이었기에 부담스럽지도 않았다.

"실장님, 제가 맛있는 점심 한 턱 쏠게요. 언제 사무실 근처로 한번 나오세요."

나는 꼭 한번 가겠다고 웃으며 대답했다.

"간병인이 한 분도 아니고 두 분이나 애들 옆에 24시간 있어주니까 세상 든든하네요. 제일 좋은 건 직장에 월차나 연차를 안 써도 되는 것이었어요."

직장에서 애들 아픈 거 다 거짓말 아니냐는 말까지 들었다며 고객은 기분 좋게 웃었다.

정말 감사하다고 얘기해줘서 나도 정말 고마웠다. 친동생이 내가 고객에게 듣는 이런 말들이 너무 부럽다고 한 말을 나도 조금은 이해할 수 있다. 이런 내가 나도 자랑스럽고 행복하니까.

쌍둥이 아빠는 "자매 설계사님들, 꼭 한번 식사하러 집으로 오세요. 우리 쌍둥이 딸들이 친동생분을 보고 싶어 해요"라고 했다. 그렇게 애들하고 잘 놀아주니 아기들이 있는 집은 늘 우리 자매를 대환영한다. 그 말을 전했더니 동생은 어깨에 힘을 주며 말했다.

"언니, 나도 이제 고객한테 대우받는 거 봤지?"

동생의 환한 얼굴을 보니 나도 덩달아 기분이 좋아졌다.

갱신형 보험 리모델링하여 연금으로 재테크한 직장인

보험료 인상은 고객의 손해다

고객이 지인을 소개해줄 때가 있다. 이럴 때면 정말 너무 감사하다. 소개시켜준 고객을 위해서라도 더 신경이 쓰이고 더 큰 책임감을 느낀다. 혹시 놓치는 게 없을까 다시 검토하고 신중을 기하게 된다. 소개해준 고객이 적어도 소개받은 고객에게 고맙다는 말을 듣게 해주고 싶다는 생각 때문이다. 이런 상상은 나 자신을 흐뭇하게 하고 나 자신에게 긍정적인 영향을 미친다.

어느 날 직장에 다니는 고객이 전화를 걸어왔다.

"실장님, 저희 사무실에 함께 근무하는 언니가 보험 얘기를 해서 제가 실장님한테 꼭 상담받아보라고 했어요. 전화 한번 해보세요."

너무 감사했다. 나에 대한 믿음과 신뢰가 있어야 소개할 수 있기 때문이다. 나는 전화번호를 받고 먼저 문자를 보냈다. 조금 후에 답장이 왔다. 전화 통화는 퇴근 시간 이후가 편하다고 했다.

저녁 7시쯤 전화를 걸었고, 20분 정도 상담을 했다. 고객은 주로 전화로 보험 가입을 많이 해둔 상태였다. 그러다 보니 보험 개수가 몇 개인지도 잘 모르고 있었고 자동이체를 걸어놓아 그냥 통장에서 보험료가 빠져나간다는 사실만 알고 있었다. 대부분의 고객과 비슷했다.

"친구가 건강검진을 받았다는데 위랑 대장내시경 받는 거 있잖아요? 그거 받다가 대장에서 용종을 뗐다고 하는데 보험에서 300만 원이 나왔다는 거예요."

고객은 이 말을 전하면서 그렇게나 많이 나올 수 있는지 정말 신기하다고 했다. 그런데 정작 본인이 가입해둔 보험회사에서는 문의 결과 단 한 군데도 나오는 회사가 없어서 이참에 보험 전반에 관해 알아보기로 결심했다는 얘기였다.

보통의 고객들이 보험에 관심을 갖게 되는 전형적인 사례였다. 특히 어린 아기를 둔 엄마들 사이에서는 "우리 애가 이번에 입원했는데 입원일당이 하루에 10만 원이나 나와서 2주 동안 140만 원을 받았다" 같은 얘기들이 나오면 주변에서 너도나도 관심을 갖는다. 인터넷이나 특히 카페를 통해서도 많이 공유하는 사례들이다. 주변에서 얼마의 보험금을 받았는가로 시작되는 얘기가 결국 나는 얼마를 받을 수 있는가로 마무리되기 마련이다.

먼저 증권을 취합하기로 했다. 통장에 찍혀 있는 보험회사에 전화를 걸어 증권을 팩스로 요청했다. 모아놓은 증권의 개수는 상당했다. 주로 전화로 가입한 게 대부분이었고, 두 군데 보험회사에 집중적으로 가입되어 있었다.

"하나 가입하면 뭐가 또 없다고 전화가 와요. 그럼 또 안 할 수도 없고……. 그러다 보니 많아졌네요."

고객은 본인도 기가 막힌다며 어이없는 웃음을 보였다. 아직 미혼인데도 보험에 대해서는 관심이 많은 상태였다. 주변에서 아픈 사람들을 많이 보게 된 영향도 있었고, 고객의 아버님이 암으로 일찍 돌아가신 영향도 있었다.

하지만 관심을 갖는 만큼 제대로 알고 가입하지는 못했다. 전화로 가입을 하다 보니 이해했다기보다는 듣고 싶은 말만 기억했다. 게다가 제일 문제가 되는 것은 갱신형이었다. 아직은 젊은 나이라 보험료가 크게 느껴지지 않기 때문에 갱신형을 유지하는 게 체감되지 않을 수 있다. 하지만 40, 50세가 넘어가면 그때부터는 보험료가 눈에 띄게 많이 오른다. 그리고 갱신형은 본인이 그만 보장받겠다는 말을 보험회사에 직접 하기 전까지는 보험료를 계속 내야만 한다.

게다가 우리나라는 과잉진료도 많고 보험금 청구도 많기 때문에 그런 부분들이 모두 보험료 인상으로 이어진다. 이런 이유로 갱신보험료는 생각보다 많이 오르고 있는 추세다.

보장과 연금, 두 마리 토끼를 잡다

물론 갱신형이 '안 좋다'고만은 할 수 없다. 특히 젊을 때는 신체 흐름이 왕성하기 때문에 아프게 되면 더 크게 악화되는 사례도 실제로 많다. 저렴한 갱신형으로 든든하게 젊은 시절을 대비하는 것도 괜찮은 방법이다. 하지만 비갱신형이 없는 상태라면 나이가 올라갈 때 마다 갱신보험료도 올라갈 것이고 끝도 없이 계속 내야 하는 불안정한 보험이 된다.

이 고객의 경우라면 본인의 아버지가 암으로 사망했다는 불안함과 걱정이 있다. 질병의 특성상 유전력도 무시할 수는 없기 때문에 암 진단금을 일반인보다는 많이 받을 수 있게 가입하고 싶어 했다. 하지만 모두를 비갱신형으로 한다면 보험료가 너무 부담이 된다. 이런 경우는 비갱신형과 갱신형을 적절하게 나누어서 가입하는 것도 한 방법이다. 특히 고객의 아버지가 겪은 대장점막내암은 최근에는 진단율이 높아지는 관계로 암의 보장금액을 낮추는 회사들이 많아졌기 때문에 보험회사를 선택하는 것도 중요했다.

현재 납입하고 있던 보험료도 50만 원 정도였다. 이 보험료 안에는 연금이나 적립으로 들어가는 부분은 전혀 없었다. 결혼을 전제로 만나는 남자친구가 있다고 했다. 계획은 2년 후였다. 현재 28세인 고객이 30세에 결혼할 계획을 세웠다면 그 이후 언제라도 아이를 출산하게 될 가능성이 높았다. 그러면 남편 혼자 경제활동을 하는 외벌이가 된다. 고객 말로는 아이를 낳고 2년 정도는 본인이 키우고 그 이후에는 친정 어머니가 키워줄 계획을 세웠다고 했다.

이런 상황을 미래로 가정하여 보험을 진행했다. 의료실비도 종신보험에 특약으로 들어 있기 때문에 너무 비싸게 가입되어 있었다. 현재 미혼인 고객에게는 사망보험금의 종신보장이 필요한 상황은 아닌 듯했다. 의료실비만 유지하려 해도 사망보장을 뺄 수가 없기 때문에 부득의하게 종신보험을 해지했다. 그리고 단독으로 의료실비보험을 가입하니 12만 원 보험료에서 1만 5,000원 미만의 보험료로 저렴하게 설계가 가능했다. 그리고 비갱신형과 갱신형으로 나누어서 암보험과 나머지 중요한 보장들까지 각 보험회사를 비교해서 저렴하고 좋은 보장을 가입할 수 있었다. 이렇게 모두 20만 원에 리모델링했다.

천천히 설명을 듣고 이해하는 보험을 만드는 동안 고객은 정말 본인을 위한 보험을 제대로 만드는 기분이라고 했다. 사람 중심 보험은 고객이 주인공이기 때문에 고객도 그런 마음을 느끼는 것이다. 나에게 언니처럼 느낄 수 있는 편안함에 다른 고민도 얘기해주었다.

고객은 고등학교를 졸업하면서 바로 취업 전선에 뛰어들어 성실하게 일해왔다. 그 덕분에 은행에 꼬박꼬박 저축을 하고 있었다. 재테크를 하고 싶지만 어떻게 하는지 방법을 모르겠다고 했다. 목돈으로 보유하고 있는 4,000만 원을 어떻게 해야 할지 의논해왔다. 평소에 보험료에 50만 원씩 납입하다가 리모델링으로 20만 원을 납입하게 되면 여유 자금이 30만 원이 남았다. 나는 고객에게 그 여유 자금으로 연금을 가입하는 게 좋겠다고 권유했다. 순전히 본인의 노후를 위한 자금으로 준비해두는 것이었다.

그리고 목돈 4,000만 원에 대해서는 일시금으로 넣을 수도 있고 안정적인 금리를 보장받을 수 있는 상품으로 추천했다. 물론 적용 이율도 꽤 높은 편이다. 거기다 혹시 2년 후에 결혼을 하게 된다면 그때까지의 적립도 생기기 때문에 은행보다는 높은 수익을 기대할 수 있었다. 유동성과 수익성, 안전성을 모두 잡을 수 있는 구조였다. 고객은 특히 목돈이 어딘가에서 적립되어 수익을 낼 수 있다는 게 무척 마음에 든다고 했다.

고객은 훗날 리모델링을 받는 과정에서 시간을 내는 것과 이해를 해야 하는 점이 조금 어려웠다고 했다. 하지만 결국 평소에 생각만으로 그쳤던 부분들을 이번 일을 계기로 시원하게 해결할 수 있어서 아깝지 않은 시간이었다고 했다.

| 비갱신형과 갱신형의 보험료 차이 |

비갱신형 보험	갱신형 보험
같은 보험료로 만기까지 보장받는 보험. 보험료가 가입 시점에 확정되어 보험료 변동 없음. 보험료 납입이 종결된 이후에도 계약까지 보장 가능. 예) 100세 만기 / 10년 납 / 30세 가입 가정.	일정 기간마다 보험료가 갱신되는 보험. 보장 기간을 1년, 3년, 15년 등으로 설정하고 설정 기간이 끝난 후 나이 및 위험률을 다시 적용해 보험료를 재산출하고 계약을 갱신함. 예) 100세 만기 / 3년 갱신, 3년 납 / 30세 가입 가정.
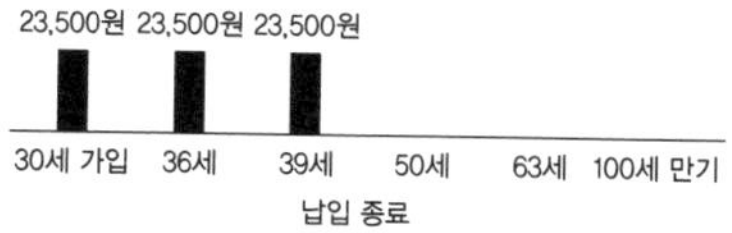	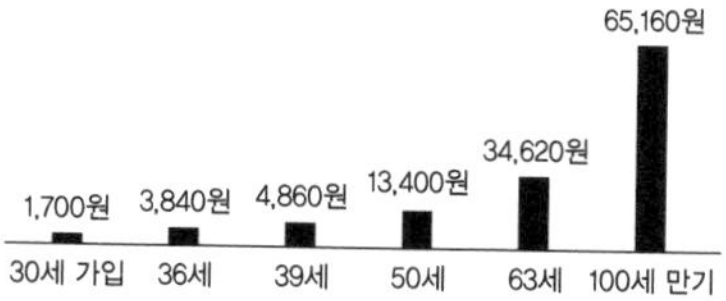
• 만기까지 보험료 변동이 없다. • 납입 완료 후에도 만기까지 보장된다. • 가입 시 갱신형보다 비싸다.	• 초기 보험료가 저렴하다. • 갱신 시점에 보험료 인상이 있다. • 만기 때까지 보험료를 납입해야 한다.

Tip

연말정산에 도움이 되는 보험상품

연말정산에 도움이 되는 보험상품으로는 연금저축보험이 대표적이다. 저축과 세제 혜택을 동시에 받을 수 있는 보험상품으로 특히 20대에 종자돈을 만드는 데 집중하려면 향후 연금으로 전환될 수 있는 상품에 가입하면 된다. 10년 이상 꾸준히 운용하면 비과세 혜택도 있지만 특히 연말정산 때 세제 혜택을 볼 수 있다. 연금저축에 가입하면 연간 400만 원까지 16.5%(연간 총급여 5,500만 원 이하 기준)의 세액공제 혜택을 받는다.

꼭 필요한 국민보험에 속하는 실손의료비보험도 보장성 보험으로는 저렴하게 가입할 수 있지만 연간 100만 원까지 연말정산 세액공제를 받을 수 있다.

단, 보험료 세액공제는 '근로자(기본공제 대상자)=계약자=피보험자'의 관계일 때 세액공제 대상이 된다. 계약자는 아내인데 피보험자가 남편인 경우에는 세액공제가 되지 않는다.

20대 여성 고객인 A씨는 연말정산 때가 되면 동기들은 환급금을 돌려받는 데 비해 오히려 반대로 세금을 더 납부해야 했다. A씨는 별다른 재테크를 하는 것이 없었다. 연말정산과 세액공제에 관심이 생긴 A씨는 블로그를 통해 상담을 해왔다.

연소득 5,500만 원 이하에 속하는 A씨의 소득 중 월 34만 원의 연금저축을 제안했다. 34만 원을 연금저축보험료로 납입하면 1년 동안은 408만 원을 납입하게 된다. 세액공제 한도는 400만 원에 16.5%의 공제율이 된다.

월 34만 원(1년=408만 원)×16.5% = 66만 원 환급

연금저축 보험은 직장을 다니는 동안에는 연말정산을 통해 세액공제로 환급을 받을 수 있는 장점도 있지만 노후에는 연금으로 전환을 할 수 있기 때문에 재테크 목적에도 부합된다.

실비와 간병인보험으로
시댁과 친정에 효도한 주부

보험 가입으로 사돈에서 친구 사이로

30대 고객은 결혼 후 제일 먼저 고민한 것이 친정 부모님과 시부모님의 보험이었다고 말했다. 결혼한 친구들과 직장에서 선후배들의 얘기를 들으면서 더욱 양가 부모님들의 보험이 시급하다는 걸 느꼈다고 했다. 어느 날 갑자기 직장 선배가 퇴사했는데 시어머님의 암 진단으로 더 이상 아이들을 맡길 곳이 없다는 것이 퇴사의 이유였다. 게다가 친정 부모님은 보험 들어놓을 돈을 차라리 모아두었다가 아플 때 자식들에게 의지하지 않고 치료비로 쓰겠다는 평소의 말씀 때문에 자식 입장에서도 어쩌지 못했다고 한다.

고객은 친정 부모님이 보험에 가입하는 걸 싫어하시는 것 같다고 했다. 시부모님 역시 보험에 관해서는 보험료가 아깝다는 생각을 하시는 분들이었다. 고객 부부는 서로 양가 부모님들께 보험에 관한 얘기를 꺼냈다. 평소 딸이, 아들이 얘기할 때보다 며느리, 사위가 하는 얘기라 그런지 양가 부모님들도 진중하게 얘기를 들었다. 먼저 고객의 친정 부모님은 매달 연금 수령액 중에서 10만 원씩을 보험료로 납입하기로 결정했다. 고객의 친정 부모님 소식을 전해 들은 시부모님 역시 똑같은 보험료로 납입하기로 했다.

양가 부모님은 보험 문제로 서로 통화를 하면서 오히려 더 빨리 친해졌고 자녀들 마음이라도 편하게 해주자며 결정을 하셨다고 했다. 하지만 이미 양가 부모님의 나이가 보험에 가입하기에는 많은 편이라 고객이 원하는 설계에는 보험료가 부족했다. 고객 부부는 공평하게 양가 부모님께 드리는 용돈을 보험료로 대체하는 것으로 부모님들과 합의를 봤다.

고객 부부는 사내 커플이었고 일의 특성상 출장이 잦은 편이었다. 혹시나 출장 중에 부모님이 아픈 일이 생기면 친정에는 언니가 있었지만, 시댁에는 외아들인 남편이 유일한 자식이었다. 고객 부부와 1차 재무 상담을 할 때 나이에 비해 미래를 계획하고 실천하는 부부라는 생각이 들었다. 매월 나가는 지출 금액과 저축을 해야 하는 금액을 정확하게 정리해두었다.

내 집 마련과 자녀 계획도 물론 포함되어 있었다. 나는 이들 부부에게 양가 부모님의 의료실비보험과 우리나라에서 사망 원인의 중요한 세 가지라 불리는 3대 진단금과 더불어 간병인보험을 제안했다. 특히 친정아버지 형제들이 뇌혈관질환이나 고혈압으로 현재 치료를 받는 분도 있었다. 이런 경우는 특히 가족력에 대한 부분을 신경 쓰지 않을 수 없었다. 그리고 시아버지는 등산을 너무 좋아하기 때문에 다칠 염려가 있어 상해 관련된 보장들을 조금 더 보강했다.

그리고 나는 양가 부모님의 보험 계약에서 친정 부모님 것은 딸의 이름으로, 시부모님의 보험 계약은 아들의 이름으로 각각 계약하도록 권유했다. 혹시 보험금을 청구할 일이 생긴다거나 뭔가 문의를 할 때에 나이가 있으신 부모님들보다는 두 부부가 업무 처리를 하는 것이 훨씬 효율적이기 때문이다. 거기에 부부가 계약자를 하게 되면 연말에 소득공제 혜택도 받을 수 있어서 도움이 된다. 이렇게 양가 부모님 보험설계와 가입에 고객 부부는 모두 이해했고 만족해했다.

특히 바쁜 본인들을 위해서 주말 상담을 해주고 꼼꼼하게 사소한 부분까지도 신경 써주어 감사하다고 말하는 이분들의 말씀에 나 또한 고마웠다.

간병인으로도 효도할 수 있다

보험 가입 후 고객의 양가 부모님들은 보험 얘기로 친해진 덕분에 가끔 만나서 식사도 하시고 여행도 가신다고 했다. 건강하신 부모님과 시부모님이 친구처럼 지내는 모습에 너무 기분이 좋다는 얘기도 덧붙였다.

고객 부부가 결혼한 지 3년이 지나 드디어 계획했던 2세 소식을 전해왔다. 두 사람 모두 육아 휴직을 사용할 수 있었다. 오로지 아이한테 집중하는 시간이 필요하다고 생각한 부부는 다시 복직하기 전까지는 본인들이 직접 아이를 키워볼 계획이라고 했다.

이 부부의 아기가 돌이 지나고 얼마 되지 않던 날 전화가 걸려왔다.

"선생님, 저희 엄마가 다리가 너무 아프다고 하셔서요. 병원 가서 검사받고 서류 뭐 내야 하는 거죠?" 하고 나는 필요한 서류를 얘기해주었고 보험금 청구를 도와주었다.

"혹시 엄마가 인공관절 수술을 받아야 할지도 모른다는데 보험 처리 가능한 거죠?" 하고 걱정스레 물었다가 가능하다는 내 답을 듣고는 안심하는 듯했다.

며칠 후 고객의 사무실 근처에서 고객을 만났다. 10분 정도 시간이 된다기에 빌딩 로비에서 잠깐 얘기를 나눌 수 있었다. 친정어머님에 대한 안부를 묻고 나서 혹시 내가 상담 중에 전화를 못 받을 일이 생길 때, 필요한 보상에 관련된 얘기를 해주었다. 그리고 나의 업무와 관련된 전담 업무를 하는 총무의 전화번호도 가르쳐주었다. 특히 간병인은 입원 하루 전에는 신청해야 하기 때문에 관련 전화번호를 가르쳐주었다.

6개월 후 다시 고객으로부터 전화가 왔다.

"선생님, 우리 엄마 보험 간병인 가능하다고 하셨죠?"

"네, 가능합니다. 혹시 친정어머니 다리 수술하세요?"

내가 물었더니 그렇다고 했다.

고객의 친정어머니는 2주 정도 입원해서 인공관절 수술과 허리 시술을 받았다. 입원해 있는 2주 내내 간병인의 도움을 받을 수 있었다.

그리고 보험금 청구까지 모두 해결되었다. 고객은 너무 고맙고 감사하다는 전화를 해왔다. "친정엄마가 간병인의 도움이 없었으면 너무 힘들었을 거라고 보험설계사님한테 꼭 인사 전해달라고 하셨어요"라는 얘기도 전해왔다.

"저희 친정아버지가 본인도 아프면 간병인 오는 거냐?"고 물으셨다는 고객의 이야기에 우리는 함께 웃었다. 고객은 보험금에서 수술비 명목으로 나온 30만 원을 현금으로 찾아서 친정어머니께 드렸다고 했다. "병원비 보험으로 다 처리했는데 왜 30만 원을 나한테 주는데?"라고 어머니가 물어보셔서 "엄마 수술하느라 애썼다고 위로금 나온 거야"라며 장난치며 얘기했다고 한다. 정확한 내용을 알게 된 친정어머니는 딸한테 "네가 왜 그렇게 보험 이야기를 했는지 이번에 제대로 알았다. 너무 고맙다!"라고 마음을 전하셨다고 했다.

그리고 다시 몇 달이 지났을 때 이번에는 고객의 시아버님이 다쳤다는 전화가 왔다. 친구분과 함께 등산을 가셨다가 낙상했다는 것이다. 119를 통해 병원으로 이송 중이라고 했다.

낙상으로 허리와 다리를 많이 다쳤다고 골절 수술을 받아야 한다고 했다. 역시 간병인 신청을 해두었고, 수술 후 3주 정도 입원 치료를 받았다. 입원해 있는 동안 간병인의 도움을 받은 시아버님도 다행히 잘 회복되고 있었다.

시아버님께도 역시 100만 원을 현금으로 찾아드렸다고 했다. 시아버님이 "다치고 돈 받으니까 기분은 괜찮다"라고 농담하신 소리에 가족들 모두 한바탕 웃음을 터트렸다고 했다. 고객은 양가 부모님 모두에게 간병인보험으로 효도할 수 있었다. 매달 드리는 용돈 그 이상으로 큰 효도를 했다는 이야기에 나 역시 매우 행복했다.

"보험 가입은 어떤 설계사를 통해서도 할 수 있지만 이렇게 정성스럽게 잘 관리해주시는 설계사를 만나기는 쉽지 않을 것 같아요."

내게 감사 인사를 정성스레 전하는 고객에게 절로 고개가 숙여졌다. 보험은 특히 고객의 아픔을 함께하는 순간이다. 고객이 느끼는 정성은 사람 중심일 때 받을 수 있는 감동일 것이다.

무릎 수술비보다 더 큰 보상금이 휴가비 같다는 직장인

드라마 같은 신기한 우연

블로그를 통해 보험 문의를 해온 고객이 자신의 사무실 대리님이 보험을 알아본다며 카톡을 보내왔다. 사무실에 다니는 직원들은 서로 본인이 아는 보험설계사를 소개해주겠다며 나섰다고 했다. 그도 그럴 것이 요즘은 주변에 보험설계사들이 많아서 가족이나 친인척, 친구, 주변 지인들을 통해서 얼마든지 보험을 알아볼 수가 있다.

나를 생각해주는 그 마음은 고마웠지만 솔직히 썩 내키지는 않았다. 보통의 소개는 한 명의 설계사에게 문의하게 되는 경우가 많은데 이 경우에는 주변 사람들이 알아서 소개해주려고 경쟁하는 듯 느껴졌기 때문이다. 본인의 의사가 중요하다고 생각했다. 그래도 소개해준 고객의 마음과 당부가 있었기에 일단 문자를 보냈다. 그러나 반나절이 지나도 답변이 없었다. 그렇게 나는 소개 건을 잊고 다른 상담과 설계 건으로 바쁜 시간을 보내고 있었다.

그런데 저녁 7시가 넘어서 전화가 왔다.

"블로그 보고 전화드립니다. 혹시 보험 가입하려고 알아보는데 지금 상담 가능할까요?"

평소 블로그를 통한 상담 전화처럼 일단 전화로 간단하게 상담을 하고 대면으로 만날 일정을 잡고 통화를 마쳤다. 그런데 왠지 주소가 낯이 익었다.

다음 날 고객의 퇴근 시간에 맞춰 빌딩 근처 커피숍에서 만났다. 보험에 처음 가입하려고 하는데 주변에서 소개해주겠다는 사람이 너무 많았다고 했다. 하지만 그는 아는 사람의 소개보다는 모르는 사람한테 상담을 받고 싶다고 했다.

"사실은 사무실 직원이 보험을 알아본다고 블로그를 보는 걸 우연히 봤어요. 왠지 정성스럽게 해주실 것 같다는 생각에 제가 따로 연락을 드렸어요."

고객과 대화를 나누다가 알게 된 사실은 바로 어제 내 고객이 소개해주려던 '사무실 최 대리님'이 바로 이분이라는 사실이었다. 내 고객의 소개가 아니라, 이분이 직접 내 블로그를 보고 연락해온 것이었다.

"아, 안 그래도 어제 직원분이 최 대리님 소개해주려고 저한테 연락을 주셨는데."

"아, 그러십니까? 제가 보험을 알아본다니까 직원들이 저마다 나서서 자신들이 아는 설계사님이 있다며 상담 받아보라고 얘길 했거든요."

고객과 나는 마주 보고 서로 웃었다. 신기했다. 이런 일은 한 번도 없었는데 정말 드라마 같다는 생각이 들기도 했다.

1차 상담 결과, 고객은 일중독이라고 느껴질 만큼 일에 묻혀 살고 있었다. 식사도 제대로 못 하는 경우가 많았고, 출퇴근 시간 또한 일정치 않았다. 너무 피곤해서 반수면 상태에서 와인이나 맥주를 마시다 잠드는 일상도 잦은 편이었다. 저축도 금리가 낮고 세금을 내는 일반은행의 과세상품 말고는 없었다. 주변에서 보험이 없는 건 너무 위험하다는 말을 여러 번 들었다고 했다.

"생각해보니까 아프면 나만 손해인데 남들 다 있는 보험 하나 없으면 안 될 거 같기도 해서요."

고객은 겸연쩍은 웃음을 지으며 보험 가입의 동기를 말해주었다. 다행히 병원을 다니거나 특별한 진단을 받은 적은 없었지만, 어느 날 병원에 간다고 해도 이상할 것이 없는 생활 패턴이었다. 경험상 위장질환과 간, 대장 관련 질병들에 대한 이상 신호가 생길 수도 있다는 생각이 들었다. 거기다 유일하게 스트레스를 풀기 위해서 강도 있는 운동들을 주기적으로 하고 있었다. 의료실비보험, 진단금, 후유장해, 수술비는 반드시 필요한 보장이라고 생각했다. 특히 운동을 많이 하는 특성상 상해 보장도 더 신경을 써야 했다.

고객과의 상담 내용을 바탕으로 필요한 설계를 했다. 2차 상담에서 고객은 본인이 원하는 보험료 안에서 설계된 내용을 충분히 이해했다.
"솔직히 블로그에서 따뜻한 느낌이 나서 연락을 드리기는 했지만 생각보다 꼼꼼하시네요"라며 내 칭찬을 해주었다. 나는 "보험이 물론 따뜻하기도 해야 하지만 실제로 도움이 되려면 고객이 필요할 때 꼭 탈 수 있는 보험이어야 하거든요"라고 화답해주었다.

이거 다시 입금해줘야 하나요?

최 대리를 소개시켜주려 했던 블로그 고객도 최 대리에게 얘기를 전해 들었다고 한다. "저희 최 대리님이 제가 블로그 보는 걸 언젠가 보셨었나 봐요. 어쨌든 설계사님 너무 좋은 분이고 똑똑해 보인다고. 까다로운 성격인데, 설계사님 역시 능력 있어요"라고 했다. 과분한 평가였지만 그래도 기분은 좋았다.

너무 바쁜 최 대리에게는 가끔 카톡이나 문자로 안부를 묻지만 답변은 없었다. 출근도 7시 전, 퇴근 시간이 따로 없을 만큼 야근도 많다고 들었다. 우리나라 직장인들 정말 엄청 열심히 사는 것 같아 어떤 때는 학생들보다 더 안쓰럽다는 생각이 든다. 공부를 해야 하는 시기는 거의 정해져 있지만 직장생활은 끝날 때까지 끝난 게 아니니까 말이다.

그렇게 바쁘게 일상을 보내던 중 어느 날 최 대리에게서 전화가 왔다. 회사 야유회를 갔는데 족구를 하다가 무릎을 다쳤다는 것이다. 처음에는 가볍게 다쳤다고만 얘기하는 것 같아서 병원에 가서 검사만 받고 돌아왔다는 얘기로 알아들었다. 그런데 그게 아니었다. 생각보다 심각하게 다쳤는지 오른쪽 무릎의 인대가 파열되는 무릎 십자인대파열로 수술을 받았다고 했다. 흔히 남성들은 더 활동적이고 스포츠 활동을 많이 하기 때문에 축구나 족구를 할 때 많이 다치기는 한다.

"병원 가시기 전에 연락을 먼저 주시죠"라고 했더니, "실장님이 갑자기 다치는 건 꼭 상황만 잘 얘기하면 된다 그래서 연락 안 했어요. 경황도 없었고요"라는 대답이 돌아왔다. 경황이 없을 만하다는 생각이 충분히 들었다. 다음 날 병문안을 갔더니 오히려 얼굴이 생각보다 밝은 편이었다.

"다리는 괜찮으세요?"라고 물었더니 "아직 좀 아프기는 한데 솔직히 출근 안 해서 너무 좋아요"라고 대답하는 모습이 정말 해맑아 보여서 진심인 듯 느껴졌다. 아픔을 긍정으로 소화하는 모습에 병문안을 하면서도 마음이 무겁지만은 않았다. 5년 넘게 일하면서 단 하루도 제대로 쉬어본 적이 없다고 들었는데 "좀 쉬라는 신의 뜻이라며 강제로 병원에 들어앉히신 것 같다"고 덧붙였다.

최 대리는 사무실에 병가를 낼 수밖에 없었다. 그렇게 2주 뒤에 퇴원을 했고, 일주일은 집에서 더 요양을 했다. 보험금 청구에 필요한 서류를 모두 받아 제출했고 이윽고 최 대리의 통장에 보험금이 입금되었다. 그런데 입금이 되자마자 최 대리에게서 전화가 왔다.

"실장님, 이거 내가 다시 보험회사에 입금해줘야 하나요?"

최 대리의 엉뚱한 질문에 나는 너무 웃겨서 한참을 웃었다. 생전 처음 들어보는 말이기도 했고, 일할 때는 무서울 정도로 프로페셔널하다고 들었는데 보험에는 순박한 고객이었다.

병원비를 거의 대체하고도 200만 원이 넘게 나온 보험금이 최 대리는 도통 이해가 되지 않았다고 했다.

"수술비가 정액으로 더 나오는 게 있어서 정상적으로 나간 거니까 그냥 받으시면 됩니다. 최 대리님 돈 맞아요."

내 대답에 최 대리는 "대박인데요. 그럼, 저 유급휴가 받은 거네요. 회사에서는 무급휴가이지만 보험으로 대체가 됐으니 결국 유급이네요. 최 실장님 감사합니다"라며 엄청 좋아했다. 고객이 좋아하고 감사하다는 말을 해줄 때 제일 힘이 난다. 역시 보험 일은 사람을 지켜주는 게 맞다는 생각도 계속하게 된다.

그로부터 6개월 후, 최 대리에게 전화를 걸었다.

"최 대리님, 보험에서 한 가지 더 청구할 게 있으니까 시간 좀 내주세요."

최 대리는 내 말에 "너무 바쁜데 그때 보험금 청구 다 끝난 거 아니었어요?"라고 물어왔다. 나는 손해사정인과 함께 최 대리를 다시 만났고, 최 대리는 다시 병원에 방문했다. 그리고 다시 보험금이 나왔다. 1,000만 원의 보험금이 입금되던 날 최 대리는 나에게 전화를 해왔다.

"실장님, 정말 너무 감사합니다. 이렇게까지 보험이 중요한 건지 몰랐어요. 혹시 또 받을 거 있어요?"

최 대리의 농담에 우리는 그날의 피로를 다 씻어버릴 만큼 박장대소했다.

간호사 동반 서비스로 병원 방문이 수월해진 63세 독거 여성

외로운 고객의 눈물에 함께 울다

보험 상담을 하다 보면 정말 다양한 연령대의 고객과 만나게 된다. 스무 살에 출산을 하는 젊은 엄마부터 60대 혹은 70대 이상의 고객과도 상담을 하게 된다.

그런 수많은 고객 중에 가장 마음이 아픈 고객은 가족이 없는 경우다. 가족이 있음에도 연락을 안 하고 사는 경우가 사실은 더 많은 것 같다. 고객들은 처음에는 아예 가족이 없다고 말한다. 그러다 시간이 지나고 친분이 쌓이면 그때서야 가족과 연락을 안 하고 산다는 이야기를 꺼내놓는다.

어느 날 직장 동료를 소개해준 고객이 있었다. 소개받은 고객은 지하철에서 환경미화 업무를 하는 63세 여성 고객이었다. 처음 상담은 지하철 역내에 있는, 직원을 위한 작은 공간에서 이루어졌다. 하지만 관리자도 있었고 다른 분들의 시선 때문에 고객이 쉬는 날 다시 만나기로 약속하고 돌아왔다.

2차 상담은 고객의 집에서 이루어졌다. 방 안에는 온기가 거의 없었다. 따뜻한 커피를 타주셨고 방석을 내주셨다. 방문한 시간은 오전 11시였고 고객이 정한 시간이었다.

고객의 경제 상황과 건강 상황에 맞춰 상담을 했다. 어느새 한 시간이 흘렀다. 그런데 고객이 "선생님, 혹시 식사하고 왔어요?" 하고 내게 물었다. 그날 나는 식사를 하지 않은 채였다. 보통의 경우 그런 질문을 받으면 으레 식사했다고 대답하지만, 왠지 그날은 솔직하게 말하고 싶었다.

"아침은 안 먹었는데 고객님은 드셨어요?"

내 말에 고객은 고맙게도 "나도 별 생각이 없어서 안 먹었는데 집에 찬은 많지 않지만 그래도 나랑 점심 같이 먹고 마저 얘기해요"라고 했다. 이 말에 고객의 눈을 보았다. 나는 "네, 저는 김치 좋아하니까 별다른 거 없어도 밥 잘 먹어요. 민폐가 아니라면 차려주세요. 저와 같이 먹어요."

나는 일부러 능청스럽게 대답했다. 고객은 웃으며 정말 좋아했다. 도와드리려고 일어났지만 정색을 하시는 바람에 불편해도 그냥 앉아 있었다. 그리고 한 20분쯤 지났을까? 정말 제대로 한 상이 차려졌다. 그 사이 동태찌개에 밑반찬은 김치, 계란찜, 젓갈, 장아찌, 깻잎에 반찬

종류만 일곱 가지가 넘었다.

정말 뚝딱뚝딱 만들어내는 요리사 같았다. 거기다 맛도 정말 훌륭했다. 집밥이 최고라는 말이 무색하지 않게 간도 잘 맞고 정말 맛있었다. 마치 식당을 하셨던 분이라고 해도 믿을 수 있을 정도였다.

"고객님, 혹시 예전에 식당 하셨었어요?"

결국 못 참고 물어보았다. 고객은 "어떻게 알았어요? 사실 식당 했었거든"이라고 웃으면서 말했다. "어쩐지 너무 맛있다 했어요"라고 말했더니 고객은 정말 환하게 웃었다.

쉬는 날 함께 밥 먹을 사람이 있는 것도 너무 오랜만이라는 고객의 말에 마음이 짠했다. 혼자 먹는 밥은 늘 맛이 없고 억지로 삼키는 기분이라는 말에 나도 모르게 울컥했다.

설거지라도 도와드리고 싶었지만 끝내 괜찮다는 말씀에 다시 상담을 이어갔다. 함께 식사를 하고 나니까 금방 더 친분이 생긴 기분이 들었다.

그렇게 또 한 시간이 지났다. 천천히 최대한 쉽게 설명을 하려는 나를 고맙게 느끼셨는지 "엄마한테 보험 가입해준다는 생각으로 해줘요"라는 그 말 끝에 내 손을 잡아주셨다. 그러고는 얼핏 눈물을 보이셨다. 나는 고객의 갑작스러운 모습에 순간 당황했다. 고객은 마음을 다스리는가 싶더니, 본인의 이야기를 천천히 들려주셨다.

고객은 아들, 며느리와 함께 식당을 운영했다. 손맛이 좋아 장사가 꽤 잘됐다고 했다. 그러던 어느 날 아들 내외가 친구들과 여행을 다녀오라며 권했다. 호강하는 기분으로 기분 좋게 휴가를 보내고 여행지에서 돌아왔더니, 식당이 사라지고 없었다고 했다. 더 기가 막힐 노릇은 아들 내외가 집까지 이사를 하고 연락처까지 모두 바꾸었다는 것이었다. 얘기를 듣는 내내 눈물이 흘렀다. 정말 드라마 같은 일이 아닐 수 없었다.

다행히 통장에 모아둔 돈으로 집 보증금을 마련할 수 있었지만, 돈보다 더한 가족을 잃은 아픔에 고객은 모든 걸 잃은 것 같다고 했다. 그날은 고객 집에서 저녁까지 함께 먹었다. 저녁 설거지까지 못하게 하면 다시는 고객님 집에 안 온다는 농담에 못 이기는 척 내게 맡겨주셨다. 고객의 눈물이 더는 없기를 기도하며 설거지를 마쳤다.

보험에도 온기가 있다

외로움을 많이 느끼는 고객에게 필요한 건 보험이기도 했지만 그보다 중요한 건 사람이었다. 특히 혼자 사는 독거인들께는 아프거나 다칠 일이 생기면 보험회사에서 서비스로 제공되는 '케어' 서비스가 한몫을 하게 된다.

케어 서비스는 주로 암이나 중대 질환일 때 몇 회에 한정으로 간호사가 직접 동반해서 병원에 가주는 서비스다. 적어도 수술하거나 퇴원할 때 정도는 무조건 동반이 필요하기 때문에 케어 서비스도 보호자가 없는 경우에는 큰 도움이 된다.

내가 딸아이 앞으로 들어놓은 보험에도 이런 서비스가 있다. 아플 때 고객은 어떤 병원을 가야 하는지, 어떤 의사가 잘하는지에 관한 정보가 전혀 없다. 그런데 이럴 때 보험회사에 전화를 하면 이런 정보들을 알려주기 때문에 고객에게는 많은 도움이 된다.

지금 고객에게는 이런 케어 서비스도 필요할 듯했다. 사람이 크게 아플 때는 보험 처리 여부도 중요하지만 각종 검사와 수납 과정 등 병원에 가서 절차에 따라 실제로 해야 할 일을 도와주는 서비스도 필요하기 때문이다.

특히 나이가 있는 분들은 미로 같은 병원에서 검사를 받기 위해 일일이 해당 과를 찾아가기도 힘들고 수납이나 보험 처리에 필요한 서류를 받는 일도 어렵다. 나 자신도 친정어머니를 모시고 병원에 다니는 일이 많아서 이런 내용들을 잘 알고 있기에 어른들의 병원 출입이 매우 불편하고 힘들 거라는 것을 짐작할 수 있었다.

사람 중심의 보험설계는 이런 점을 염두에 두어야 한다. 반드시 필요한 의료실비보험과 적어도 암이나 중대 질환에는 꼭 필요한 케어 서비스가 동반되는 설계를 했다.

고객은 특별히 큰 지출이 없기도 했고 아직까지는 수입이 있는 편이라 보험료가 크게 부담되지는 않는다고 했다. 그다음 상담 때도 고객과 나는 함께 식사를 했다. 고객이 너무 행복해했기에 나 역시 밥 먹는 시간이 매우 행복했다.

그러다 어느 날 고객에게 “어머님, 장 보러 마트 안 가실래요? 저도 살 게 있는데 어머님 반찬 제가 다 먹어서 장 봐야 하지 않아요?”라고 물었다. 고객은 내 요청에 “그 정도는 내가 얼마든지 해주지 뭐. 심심한데 같이 가볼까?”라고 하셨다. 어느새 우리는 모녀지간처럼 친해져 있었다.

그렇게 3년이 지나던 어느 날이었다. 63세가 되신 고객이 전화를 해왔다. 평소에는 전화를 먼저 하시는 분이 아니었다.

"가슴에 통증이 있는데 혼자 병원 가는 게 무서워요."

고객은 말을 제대로 못 했다. "네, 저랑 같이 가세요"라고 말했다. 내가 가입해둔 보험에서 고객의 질병과 관련된 정보를 알아보았다. 유방에 관련된 병원과 의사에 관한 정보를 물었다. 고객에게 해당 병원에 가서 미리 예약하는 것만 해두라고 말했다. 예약 당일 고객과 함께 병원으로 갔다. 절대 울지 않으려고 이를 악물고 눈물을 참았다. 나까지 울면 고객은 한없이 무너질 것만 같았다. 하지만 고객은 의외로 담담했다. 수술 날짜는 생각보다 빠르게 잡혔다.

"어머님, 가입해둔 보험이 있으니까 돈 걱정 말고 치료 잘 받으면 되는 거 아시죠? 그리고 어머님 수술하러 가는 날, 퇴원하러 집으로 돌아오는 날 간호사가 어머님하고 같이 병원에 가서 모두 진행해드릴 거니까 절대 걱정하지 마세요."

내 말에 담담하던 고객이 끝내 눈물을 흘렸다. 그분의 눈물에서 보이는 공포와 두려움을 덜어드리기 위해 손을 잡아드리는 것 말고는 내가 할 수 있는 일이 없어서 가슴 아팠다.

고객은 그렇게 수술을 받았다. 유방암 2기였다. 입원할 때도 퇴원할 때도 간호사가 병원의 모든 진행을 함께해주었다. 다행히 수술은 잘되었다. 고객은 하던 일을 몇 달간 쉴 수밖에 없었다. 하지만 가입해둔 암보험에서 2,000만 원의 진단금이 나와 공백 기간의 몇 달을 지켜주었다.

"아픈 것보다 외로운 게 더 힘들 뻔했는데 정말 고마워요."

그분은 내게 여러 번 말씀하셨다. 사람에 대한 그리움이 큰 고객에게 보험은 그 이상의 것이 되어주었다.

INSURANCE

3장

REDESIGN

신규 보험은 애초에 유지 가능하게 설계한다

첫 설계에 반드시 시간을 투자하라

설계사에게 칼자루를 넘겨주지 마라

보험 일을 하지 않았던 2004년 당시 나에겐 보험이 한 건도 없었다. 15년 전 처음으로 동생들과 보험 가입을 하기 위해 만났던 설계사를 아직도 기억하고 있다. 3월 말 즈음, 막내 동생이 다니는 백화점의 한 카페에서 보험설계사를 만났다. 막내 동생의 회사에서 근무하는 직원에게 설계사를 소개받은 터였다.

보험이라고는 문외한인 우리 자매들에게 보험설계사의 이야기는 그저 신기하고 좋은 내용으로만 들렸다. 당시 종신보험에 가입했는데 보장 내용이 훌륭한 편이었다. 특히 진단금과 수술비 구성이 아주 좋은 편이어서 지금도 가입해두기를 잘했다는 생각이 든다. 다만 아쉬운 점은 80세 만기라는 것이다. 당시는 보험 가입에 대한 고객들의 관심이 높은 편이 아니었기 때문에 보장 내용이 좋은 상품들이 많았다. 보험 가입에 좋은 타이밍이었다.

현재도 보험은 소개를 통해서 이루어지는 경우가 많다. 왠지 보험은 어렵고 복잡하다는 인식이 강해서 그런지 믿고 맡길 만한 사람을 찾는 편이다. 설계사 입장에서는 소개라서 신경을 더 쓰게 되는 경우도 있지만, 반대인 경우도 있기 마련이다.

나 역시 2004년 보험 상담을 할 때 서투르지만 설계사에게 많은 질문을 했다. 내가 내는 보험료 중에서 적어도 어떤 보장이 어떤 역할을 하게 되는지 그리고 많은 보장 내용 중에서 어떤 보장을 선택해야 하는지를 질문하고 이에 대한 답변을 들었다. 당시 우리를 상담했던 보험설계사는 내 질문을 듣고는 '매우 꼼꼼한 고객님'이라는 평을 해주었다. 그분도 우리 자매들에게 자세하고 친절하게 설명을 해줬던 기억이 있다.

소개를 받고 보험 상담을 하고 가입을 하게 되더라도, 고객이 관심을 갖지 않는 한 보험의 주권은 설계사가 갖게 된다. 이 말은 곧, 고객의 보험에 재량권을 설계사가 갖는다는 말이다. 설계사는 기본적으로 고객을 위해 보험을 설계하겠지만, 칼자루를 설계사에게 넘겨주어서는 곤란하다. 설계사에게 본인이 매달 납입하게 될 보험료만 알려주고 나머지를 설계사 손에 넘겨서는 안 된다는 이야기다. 가장 중요한 '설계'를 설계사가 생각하는 의도대로 좌지우지하게 만들지 말자.

나처럼 보험 가입의 타이밍이 좋았던 시기에는 좋은 보장 내용들이 많았다. 예를 들면 내 친동생과 딸아이가 받았던 맹장 수술을 예로 들어보자. 지금 보험 시장의 수술비를 기준으로 보면 생명보험은 약 10만 원, 손해보험은 20만 원이나 30만 원 전후의 보험금을 받게 될 것이다. 물론 한시적으로 연령에 따라 수술비를 높게 가입할 수 있는 상품들이 잠깐씩 판매될 때가 있지만 평균적인 나이와 금액을 비교할 때 그렇다. 하지만 내가 2004년에 가입해둔 종신보험에서는 최소 수술비가 70만 원이 나온다. 게다가 맹장뿐만 아니라 간단한 치질이나 대장의 용종 제거 시술을 할 때도 마찬가지다.

현대 의학은 점점 시술 비중이 높아지는 추세다. 따라서 입원을 하지 않고 당일 시술하는 경우가 많은데, 이때에도 수술비를 보험금으로 받을 수 있다. 따라서 보험회사들은 점점 수술비를 축소하는 방향으로 보험상품을 내놓는다. 이렇기 때문에 설계사에게 전적으로 보험설계를 맡겨서는 안 되는 것이다. 자신이 직접 관심을 갖고 상품을 들여다보는 고객들은 과거만큼은 아니더라도 그에 준하는 보험금을 탈 수 있는 보험을 설계받을 수 있기 때문이다.

적어도 관심 있는 고객이라면 각 회사의 상품을 비교하려는 노력 정도는 할 것이다. 하지만 관심을 두지 않고 설계사에게만 맡긴다면 예상치 못한 낭패를 볼 수도 있다. 설계사에게 전적으로 맡기는 고객의 마음을 설계사들이 고맙게 해석할 수도 있지만, 자칫 본인 보험에 관심 없는 고객으로 평가할 수도 있다.

나는 오히려 너무 무뚝뚝한 고객에게는 예능형 상담을 하려고 노력한다. 함께 웃고 나면 아무래도 고객의 마음이 조금은 편안해지기 때문이다. 이렇게 편안한 상태에서 상담이 이루어지면 고객에게 맞는 맞춤 설계도 굉장히 잘 나온다. 설계사와 상담할 때 명심해야 할 세 가지는 다음과 같다.

첫째, 설계사와 상담하는 시간은 여유롭게 가져야 한다. 상담을 할 때에는 집중해서 듣고 질문할 내용을 찾는다. 지인 설계사라고 무조건 믿고 맡겨서는 안 된다. 보상을 받을 일이 생겼을 경우를 상상하면서 보장에 대한 부분을 이해할 때까지 설명해달라고 요구한다.

둘째, 최소 두세 군데 경쟁 보험회사의 보상 범위를 비교하며 확인한다.

셋째, 탈 수 있는 보험의 설계인지 확인한다. 설계가 중요하다는 사실을 꼭 기억하며 관심을 기울이도록 하자.

시간을 투자한 만큼 좋은 설계로 돌아온다

전업주부들은 직장인들만큼 매우 바쁘다. 전업주부의 특징은 '일하면 티가 안 나지만 안 하면 티가 매우 많이 나는 일을 한다'는 데 있다. 겉으로 보기에는 특별히 바쁠 일이 없는 것 같은데 늘 이런저런 일로 시간에 쫓긴다. 직장인들은 직장인대로 직장에 매여 있을 때는 직장 일로, 퇴근 후에는 또 다른 일로 정신없이 보내기 마련이다.

그런데 주말에 가족들과 여행을 가거나 영화를 보거나 필요한 쇼핑을 하거나 친구를 만날 일이 생길 때 우리는 어떻게 할까? 기꺼이, 너무나도 당연하게 시간을 낸다. 하지만 유독 보험 가입을 위해서는 시간을 아끼는 고객이 너무 많다. 고객 본인의 인생과 미래, 노후까지 연결된 매우 막중한 일임에도 말이다. 눈에 보이지 않는 무형의 상품이지만, 보험은 우리 삶에서 매우 많은 걸 해결해줄 능력이 있는 존재라고 믿는 나로서는 이런 고객들의 마음이 매우 안타깝다.

우리 회사에는 직원들의 교육 시간이 따로 마련되어 있다. 나 역시 주기적으로 교육을 진행한다. 그런데 사람에 따라 그 시간을 잘 활용해서 본인 것으로 만드는 직원이 있는가 하면 기억하고 싶은 것만 기억하는 직원, 한 귀로 흘려보내는 직원 등 제각각이다. 그중 교육 시간을 본인 것으로 만드는 직원은 눈빛이 다르다. 매사에 대답도 잘하고 관심을 기울인다. 그런 직원에게는 나도 시간을 더 많이 할애하고 피드백도 꼼꼼하게 해주게 된다.

고객과 보험 상담도 마찬가지다. 관심을 갖고 제대로 된 설계를 원하는 고객의 눈빛엔 보험의 가치를 제대로 알고 싶어 하는 마음이 담겨 있다. 그리고 그 중요성만큼 보험이 제대로 뒷받침되어주길 바라는 기대가 마음에 자리 잡고 있다.

일전에 의사 부부를 일주일에 한 번씩 주말마다 총 4주 상담한 적이 있다. 의학적 지식은 나와 비교가 되지 않는, 말 그대로 전문의였지만 보험에서만큼은 나를 전문가로 인정해주셨다. 4주의 상담 내내 많은 관심을 보여주셨고 상담에 도움이 되는 한도 내에서는 두 분의 부모님이 겪고 있는 질병에 대해서도 많은 이야기를 해주셨다. 심지어 남편분의 친동생이 보험설계사임에도 나에게 제대로 된 설계를 받고 싶어 했다. 친동생은 한 군데 보험회사에 소속된 설계사였기 때문에 비교를 할 수 없다는 점을 이해했던 것이다.

이분들은 왜 내게 이런저런 얘기를 해주셨을까? 바로 본인들과 자녀들에게 도움이 되는 설계를 하기 위해서였다. 보험설계에는 고객의 이야기가 무엇보다 필요하다. 자신들이 탈 수 있는 보험을 설계할 수 있게끔 나를 도와주어야 하는 것이다. 과거에 앓았던 질병이 있었는지, 사고가 있던 적은 없었는지, 부모님이나 형제자매에게 질병 이력은 없는지 등 많은 이야기들이 오가야 한다. 현재 보험 시장에서 이슈가 되는 걸 고객에게 말해주고 고객이 중요하게 생각하는 걸 반영해주고 현 시대에 필요한 보장 내용을 설명해주는, 이런 관심 있는 이야기들이 보험설계에 밑바탕이 된다.

컴퓨터 화면에 나오는 보험회사들 중에서, 많은 보장 내용들 중에서 보험료를 맞춰가는 것이 아니라 보장 내용 하나하나를 비교 검토하여 신중하게 설계하는 보험을 만들기 위해서는 영화 한 편 볼 시간, 친구들과 커피 마시는 시간, 쇼핑하는 시간 정도는 충분히 투자해야 한다. 그리고 그렇게 고객이 시간을 투자한 보험설계는 반듯하고 튼튼할 수밖에 없다.

그래서 나는 고객의 소중한 시간을 투자받기 위해 오늘도 설계를 게을리하지 않는다. 탈 수 있는 보험을 만드는 데 제일 중요한 건 '시간'을 반드시 투자해야 한다는 사실을 절대 잊지 말자.

장점만 나열하는 설계사는 의심하라

끝까지 묻는다

신규로 보험에 가입하려는 고객이 가장 먼저 고민하는 부분은 어떤 보험설계사를 소개받아야 하나 하는 생각이다. 이때는 가족이나 주변 지인을 통해서 믿고 맡길 만한 보험설계사를 찾으려고 한다. 하지만 이런 생각에 앞서 중요하게 고민해야 할 내용이 있다. 바로 보험의 우선순위를 파악하는 일이다.

가장 중요한 보험 1순위는 국민보험이라고 불리는 의료실비보험일 것이다. 의료실비보험을 모르는 사람은 거의 없을 정도이지만 보상 내용에 대해서는 제대로 모르는 경우가 많다. 단순하게 모든 질병과 상해를 보상받는다고 알고 있지만 예외 조항은 있다. 따라서 적어도 보상하지 않는 손해를 설계사에게 물어보는 것 정도는 기억해두어야 한다.

특히 2017년 4월 1일부터 가입한 의료실비보험 가입자에 한해서는 가입 후 2년 동안 보험금을 받은 적이 없는 계약자에게는 갱신 후 보험료 기준으로 10% 할인을 받는 제도가 생겼다. 이런 부분도 고객에게는 혜택이 될 내용이기 때문에 알아둘 필요가 있다. 혹시 적용이 되지 않는 경우는 고객이 직접 알아봐야 할 상황이 생길 수도 있기 때문이다.

다음으로 중요한 암보험에 대한 질문을 생각해보자. 의료기술의 발달로 암에 대한 5년 생존율은 이미 70%를 넘어섰다. 또 새롭게 개발된 암 치료 방법도 많다. 다만 신약은 치료비가 비싸 항암주사 한 번 맞는 데 몇백 만 원이 들기도 하고 부작용 없는 항암치료제의 경우 건강보험이 적용되지 않아 포기하는 환자도 많다.

이런 이유로 암 진단금에 대한 대비는 필수라고 해도 과언이 아니다. 하지만 진단율이 늘어나는 암의 종류에 한해서는 소액암 혹은 유사암이라는 이름을 붙여 진단금을 축소하는 보험회사가 많기에 이런 부분을 제대로 설계사에게 질문해야 한다.

이런 식으로 고객이 최소한의 질문을 하게 된다면 설계사는 더 무거운 책임감을 느낄 것이다. 하지만 고객의 질문에 제대로 답해주지 않거나 회피하려고 한다면 그길로 다른 설계사를 찾으라고 말하고 싶다. 질문에 충실히 답하지 않는 설계사는 고객한테 전혀 도움이 되지 않는다.

자신이 이해하는 보험상품에 가입했다면, 다음으로 확인할 내용은 약관과 청약서의 내용이다. 그중에서도 고객이 반드시 확인해야 할 내용 세 가지를 소개한다.

첫째, 청약서에 고객이 설계사에게 제공하는 고객의 직업, 운전 여부, 병력에 관련된 알릴 의무 내용이 제대로 체크되어 있는지 확인한다. 고객이 솔직하게 고지한 내용들이 청약서에 체크되어 있지 않은 경우 고객의 보상에 나쁜 영향을 가져올 수 있기 때문에 꼭 본인 확인을 거쳐야 한다.

둘째, 보험 계약을 취소할 수 있는 권리와 더불어 고객이 받을 수 있는 불이익과 중요 사항을 반드시 체크한다. 이 부분은 자칫 그냥 넘어갈 수 있으므로 고객 자신이 읽어둘 필요가 있다.

셋째, 약관의 중요 내용을 살핀다. 그중에서도 가장 뒷부분에 있는 별표를 따로 보관해두면 도움이 된다. 아프거나 다쳤을 때 의사로부터 진단받는 질병과 상해에는 각 코드 번호가 부여된다. 암에 대한 코드는 C코드이지만 각 신체기관별로 번호랑 코드가 다르기 때문에 이런 부분을 미리 알고 있으면 병원에서 진단서를 받을 때에 본인의 코드를 정확하게 확인해볼 수 있다. 실제 아픈 부위와 코드가 일치하지 않아 고객이 불이익을 받은 사례도 있었다.

신규 가입자일수록 신중하게 보험에 접근하는 것이 중요하다. 보상을 받게 되는 상황으로 이어졌을 때 문제가 되지 않도록 첫 단추를 잘 끼우는 게 중요하기 때문이다. 계약 시에 고객 자신이 관심을 갖고 적극적으로 설계사에게 질문하고 원하는 답을 듣기 위한 노력 역시 매우 중요해졌다. 보험에 대한 정보를 많이 아는 고객이 늘어난 만큼 설계사는 설계사대로 늘 공부하는 자세, 연구하는 자세로 고객에게 신뢰받는 전문가로 거듭나야 함을 명심해야 할 것이다.

이런 설계사는 피하자

보험회사는 생명보험과 손해보험사를 통틀어 서른 곳이 넘는다. 한 군데 보험회사 상품만 해도 주력 상품들과 그렇지 않은 상품들까지 각 보험회사당 상품 개수만 해도 평균 20~30개는 기본이다. 이토록 많은 회사와 상품 중에서 고객에게 잘 맞는 상품을 찾아내는 일이야말로 설계사의 가장 기본적인 책무일 것이다. 그래서 처음 신규로 보험을 알아보려고 상담하는 초보 고객에게는 조금이라도 쉬운 보험으로 이해시키려는 노력이 특히 더 필요하다.

하지만 오히려 잘 모르는 신규 고객에게 고객의 경제적 상황을 전혀 고려하지 않은 채 높은 보험료만을 제안하는 설계사가 생각보다 많다. 이들은 오로지 한 군데 보험회사에 가입하는 게 유리하다고 말하면서, 높은 가격대의 한 가지 상품만을 권유하기도 한다. 이런 경우는 해당 보험상품이 설계사에게 수수료 면에서 유리하거나 또는 설계사가 다른 보험회사의 상품을 비교하기 귀찮아할 때 발생한다. 아니면 한 곳의 보험회사 상품만 취급하는 전속 설계사이거나 GA설계사라도 보험상품 설계를 제대로 할 능력이 없을 때에도 발생한다.

요즘은 보험회사들이 상품으로 경쟁하는 경우가 많기 때문에 오히려 여러 보험회사를 비교해서 보험료를 낮추고 보상의 범위를 알차게 채워주는 설계를 하기에 좋은 상품들이 많이 나와 있다. 이런 경우는 고객이 설계사에게 다른 회사 상품도 비교해주기를 요청해야 한다. 명확하게 두세 군데 비슷한 보험들을 비교해달라고 처음부터 요구하면 오히려 설계사도 고객을 만만하게 보는 일이 없어 고객에게 유리할 수 있다. 그런 요청을 했는데도 설계사가 진정성 있게 받아들이지 않거나 고객이 원하는 내용을 반영하지 않는다면 다른 설계사에게 상담해보는 것도 또 다른 방법이다. 보험설계는 어떤 설계사가 하느냐에 따라 내용이 다를 수 있기 때문에 설계사마다 다른 노하우를 체험하는 것도 나쁘지 않다.

보험설계는 시간이 걸리기 마련이다. 여러 보험회사들을 비교하는 데에는 생각보다 많은 시간이 걸리기 때문에 설계사가 본인의 계약과 실적을 위해 빠르게 진행하려고 한다면 다른 설계사를 통해서 비교해보는 것이 좋다. 물론 실제로 한정적인 보험상품이 날짜에 맞게 판매되는 경우도 있다. 그런 경우라면 설계사들마다 알고 있는 내용일 수 있으므로 오히려 고객이 다른 설계사를 통해서 확인하는 것이 그다지 어렵지 않다.

고객의 눈높이에 맞는 설명이 필요하듯이, 보험을 처음으로 접하는 신규 고객에게는 최대한 쉬우면서도 보험의 가치를 이해할 수 있는 설명이 꼭 필요하다. 거기에는 보험에 대한 장점도 있지만 분명히 존재하는 단점도 반드시 설명해줘야 한다.

이렇게 고객과 설계사가 서로 신중하고 정성스럽게 보험 가입의 단계를 거쳐야 고객도 만족할 수 있는 보험이 될 수 있다. 처음으로 보험에 가입하는 고객을 쉬운 고객으로 생각하는 설계사는 잘못된 것이다. 오히려 처음이기 때문에 보험을 이해시키는 것도 가치를 알리는 것도 제대로 해야 한다. 결국 보상으로 이어질 수 있는 중요한 보험이 곧 탈 수 있는 보험의 척도가 된다.

나는 솔직한 걸 좋아한다. 그래서 고객에게 어떤 부분이 단점이 되는지를 정확하게 얘기해주는 것이 중요하다고 생각한다. 알고 넘어가는 것과 모르고 넘어가는 것은 전혀 다른 것이고, 그 결과는 천지 차이가 될 수도 있다. 적어도 사람 중심의 상담에서는 좋은 내용만 함께할 수는 없다. 좋지 않을 수 있는 것도 노력을 통해 좋아질 때까지 함께하는 것이 사람 중심 설계라고 생각한다.

친구 따라 들지 말고
꼭 필요한지 점검하라

친구 따라 가입하지 말자

만약 자동차를 구입하게 된다면 평소 눈여겨봐두었던 차종이나 본인이 좋아하는 취향의 자동차를 구입할 것이다. 그 차는 길거리에 다니는 수많은 자동차 중에서 갑자기 눈에 띄어 반해버린 자동차일 수도 있고, TV나 인터넷 광고를 보고 구매를 결정한 자동차일 수도 있다. 어느 쪽이든, 적어도 친구나 선배나 후배가 "이 차 어때?"라고 말했다고 해서 그다지 마음에 들지 않는 차를 사는 사람은 없을 것이다.

하지만 보험은 그런 경우가 많다. 살면서 얼마나 아프게 될지, 얼마나 다치게 될지, 어떤 사고가 발생할지 모르는 예측 불허의 불특정한 미래에 말 그대로 보험이 자신에게 해줄 수 있는 많은 것들을 한 번이라도 따진다면 쉽게 친구나 지인이 권하는 보험을 무작정 따라 하지만은 않을 텐데, 의외로 보험 가입에는 무신경한 사람이 많다.

특히 처음 보험에 가입하는 신규 보험 가입자는 막막함 혹은 귀차니즘 때문에 가족이나 친한 지인들을 통해서 소개를 받고자 하는 경우가 많다. 게다가 보험을 스스로의 필요에 의해서 가치를 알아보고 들기보다는 막연한 주변의 권유로, 가족이 아팠다는 이유로, 친구와 지인이 갑자기 사고를 당했다는 이유로 갑작스레 가입하는 경우가 많다. 그러나 보험은 친구 따라 강남 가듯이, 누구를 따라 한다고 안전하고 튼튼한 설계가 되지는 않는다.

우리나라 보험의 역사에서 가장 아쉬운 점은 보험의 가치를 제대로 알고 보험에 접근하는 사람보다는 그저 단순한 계약으로, 한 건의 실적으로 취급하는 사람이 훨씬 많다는 것이다. 하지만 그럼에도 수많은 고객들은 지금도 보험에 가입하고 있다. 왜 그럴까?

그 이유는 실제로 보험금을 받는 일들이 주변에서 많이 벌어지기 때문이다. 어떤 사유가 됐든 등 떠밀기 식으로 보험에 가입했다고 하더라도 잘 설계된 보험에서는 특히 고객이 예상하지 못한 보험금으로 도움을 받을 수도 있기 때문에 그런 일을 겪게 되면 주변 반응이 더 크게 나타난다. "가입한 보험이 어디 회사 보험이야?", "그 보험, 누구한테 가입했어?" 등의 반응으로 화제가 된다. 자신도 저 사람만큼 보험금을 타고 싶다는 생각을 하게 된다.

본인과 가족 혹은 지인이 보험금을 많이 받는 일이 생기면 그 보험은 좋은 보험이 된다. 반대로 보험금이 적게 나오거나 실망스러운 경우라면 그 보험은 나쁜 보험이 된다. 왜? 어떤 이유로? 얼마의 보험료를 내고 있기에? 어떤 설계가 되어 있어서? 내 보험과 어떤 게 달라서? 어떻게 결과가 다른지 중요한 보험의 본질을 찾으려는 사람은 거의 없다.

현장에서 기계를 만지는 고객을 만난 적이 있다. 학교 동창의 소개로 상담을 하던 날, 고객은 "친구랑 똑같이 그 정도 보험료로 해주세요. 아니, 그냥 친구랑 똑같은 보장으로 해주세요"라고 요청했다. "고객님, 왜 친구분하고 똑같은 보험료에 똑같은 보장을 해달라고 하는지 여쭤봐도 될까요?"라고 물었다. 고객은 아주 간단하게 "친구가 알아서 좋은 거 가입했겠죠, 뭐"라고 대답했다.

그러나 그분을 소개해준 친구는 이분과 상황이 달랐다. 그분이 가입한 적립형 보험은 언제 돈을 쓰게 될지를 정하고 시작했다. 보장성 보험의 경우는 그분의 부모님이 돌아가셨던 질병의 사유를 신경 써야 했기 때문에 그분의 가족력에 맞는 설계를 넣었다. 하지만 소개받은 친구는 상황이 달랐다. 현장에서의 근무가 대부분이었고 특별히 가족력이 있는 것도 아니었다. 게다가 언제 돈을 꺼내 쓸 거라는 계획도 딱히 없었다.

고객과 다시 2차 상담 일정을 잡았다. 휴무일에 맞춰서 고객이 한가할 때 차근차근 설명을 했다. 고객은 보장성 보험은 의료실비만 가입되어 있었다. 가족력도 특별한 부분이 없었기에 암보험을 비롯한 진단금과 수술비 정도면 보장성 보험은 충분했다. 다만 현장 일의 특성상 다칠 확률이 있기 때문에 상해 보장은 조금 더 보강했다. 적립은 은행에 개설한 자유인출 통장 말고는 없었다. 지금 다니는 회사에서 10년째 재직 중인 고객은 앞으로 큰 변화가 없다면 20년은 더 근무할 수 있다고 했다. 그리고 장기적으로 납입하는 보험료에 대한 거부감도 없었다. 평소 연금에 관심은 있었지만 제안을 받은 적은 없다고 했다. 연금으로 노후를 대비하는 플랜을 제안했고 고객이 납입할 수 있는 보험료를 선택했다. 그제야 고객은 웃으면서 말했다.

"보험이 그냥 아무렇게나 가입만 하면 되는 건 줄 알았더니 그것도 아니네요."

그 말에 나도 함께 웃었다. 결국 소개받은 친구에 맞는 든든한 안전벨트를 채워줄 수 있었다.

지금 아프지 않다고 앞으로도 아프지 않으리란 법은 없다

2018년 연말부터 보험회사와 각종 매체는 치매에 관한 내용들을 주요 이슈로 다루고 있다. 그래서인지 요즘 고객들은 치매에 대한 관심이 높은 편이다. 하지만 치매는 검사 과정상 시간도 길고 내용도 복잡하다. 그렇기 때문에 고객은 검사받기를 꺼린다. 하지만 의료계는 이런 불편을 또다시 보완했다. S병원 교수진이 단 7분짜리 드라마 한 편을 시청하는 것만으로 치매 검사를 완료할 수 있는 방법을 개발한 것이다.

이렇게 되면 기존에 검사를 미뤘던 많은 고객들이 간단하고 편하게 치매 검사를 받을 수 있지만, 한편으로는 '혹시 내가 치매라고 나오면 어떻게 하지?'라는 걱정이 밀려오기도 한다. 하지만 항상 반대 의견은 존재하는 법. '설마 나한테 그런 일이 있겠어?', '우리 부모님도 치매는 없었고, 주변에서도 치매는 없는데 뭘' 이렇게 말하면서도 쉽게 검사를 받으러 나서지는 않는다. 왜 검사를 미룰까? 진짜 마음속에는 불안함이 자리를 하고 있기 때문이다.

현장에서 고객과 만났을 때 자주 듣는 말이 있다. "우리 남편은 아마 100세까지, 아니 죽을 때까지 아플 일은 없을걸요", "우리 가족은 아팠던 적도 없고 앞으로도 아플 일 없을 거 같아서 보험은 실비만 있으면 돼요", "비싼 보험료 내느니 그 돈 모았다가 아플 때 쓰면 되죠, 뭐" 같은 말들이다.

이분들은 공통되게, 현재 건강한 상태이므로 아직 체감하지 못하는 미래까지 걱정하며 보험에 돈을 내고 싶지 않다고 토로한다. 즉 불안함은 있지만 그렇다고 현재 아프지도 않은 상황에서 미래를 보장받는 보험에 많은 보험료를 내고 싶지 않다는 말이다. 이것을 거꾸로 뒤집으면, 미래를 보장받을 수만 있다면 고객은 대부분 보험에 많은 관심을 갖고 가입을 하게 될 것이라는 얘기가 된다.

30~40년 전쯤에는 암이라는 질병에 걸렸는지도 모르고 사망하는 사람들이 많았다. 당시에는 60세가 되면 노후라는 말을 하던 시절이다. 하지만 지금은 100세 시대다. 암에 대한 조기 진단율마저도 높아졌기 때문에 많은 사람들이 언젠가는 암 진단을 받으리라는 인식을 갖고 있다.

최근 들어 심각하게 문제가 되고 있는 미세먼지 또한 마찬가지다.

처음에는 미세먼지를 받아들이는 게 힘들었다. 굳이 마스크를 착용하면서 일상생활을 해야 하는지 고민했다. 하지만 핸드폰 문자로 미세먼지 관련 안전문자가 올 때면 정말 세상이 온통 뿌옇다는 말이 실감났다. 이런 이유로 미세먼지는 질병까지 일으키는 심각한 문제로 받아들여졌다. 마스크를 써야 한다는 생각은 당연하게 인식되어가고 있다.

지진도 그렇다. 어느 순간부터 우리나라도 지진에서 자유롭지 못한 나라가 된 것이다. 나 역시 2018년 어느 날 사무실에서 미세한 땅의 진동을 느꼈던 적이 있다. 이런 상황에도 과연 현재 아프지 않다는 이유만으로 보험을 등한시할 수 있을까?

우리가 사는 현재는 외부 요인에 의해 생기는 질병과 사고가 많은 세상이다. 신규로 보험에 가입하는 고객에게 나는 이런 설명을 꼼꼼하게 해드린다. 특히 호흡기가 약한 사람들, 비염이 있는 사람들에게는 환경적 요소가 더 자극적이기 때문에 오히려 보험으로 미리 대비를 해두는 것이 도움이 된다.

내게 꼭 맞는 보험인지 체크하라

가족의 질병을 무시하지 마라

2006년 내가 보험을 시작하던 시기에는 보험 가입을 위한 질문란에 부모님이나 가족 중에 암 진단을 받은 사항을 체크하면 관련된 해당 질병에 대해서는 보장을 해주지 않았다. 예를 들어 아버지가 대장암이었다고 하면 가입하는 사람에게 대장암을 보장해주지 않는 식이었다. 지금 생각하면 너무 어이없다고 할 수도 있겠지만 그만큼 유전이라는 부분을 많이 반영하던 때였다. 하지만 지금은 환경이나 식단, 스트레스에 큰 비중을 두기 때문에 가족력에 대한 질문을 하지 않는다. 그렇다고 유전적인 소견을 완전히 무시할 수는 없다.

특히 암 중에서는 유전력이 있는 암들이 존재하는 게 사실이다. 그

중 대표적인 암이 여성암 중에서 가장 흔한 암이 돼버린 유방암이다. 유방암이 전체 여성암의 19.9%나 차지하면서 보험회사들이 유방암을 소액으로 보장하는 형태로 많이 바뀌고 있는 것도 이런 이유가 크다. 유방암의 가족력은 미국의 영화배우 안젤리나 졸리가 유전력에 대해 밝히면서 전 세계적으로 큰 이슈가 됐다. 유전성 유방암은 유전자의 돌연변이가 세대를 거듭해서 가족 내에서 발생하는 것을 말하는데 일반 여성의 유방암 진단 확률은 5%이지만, 유전자 돌연변이를 갖고 있다면 40~80%로 급격하게 높아진다. 이런 이유로 처음 고객과 상담을 할 때는 가족력에 대한 질문에 더욱 신경을 쓰게 된다.

한번은 시간을 내기가 너무 어렵다는 30대 여성 고객과 카톡으로 보험 상담을 했다. 너무 건강한 그 여성 고객은 카톡으로 물어보는 이런저런 질문들에 대해 대답을 착실하게 해줬다. 그런데 내가 부모님의 질병에 대해 묻자 부모님 모두가 암으로 치료받는 중이라고 했다.

"그런데 부모님에 대한 건 왜 물어보세요?"

궁금했는지 고객은 나에게 전화를 해왔다.

"고객님, 부모님께서 혹시나 유전력 있는 질병이 있는 경우라면 고객님께도 영향이 있기 때문에 설계에 참고하려고 여쭤봤어요."

덧붙여 나는 고객들의 사례를 얘기해줬다. 건강한 30대 남성 고객이 부모님 모두의 유전적 영향으로 30대부터 당뇨 약을 복용하게 되었다. 그래서 어린 자녀의 보험에는 남성 고객의 질병이 이어지지 않기를 바라면서도 대비는 필요했다. 자녀보험에는 특히 신경을 쓸 수밖에 없었다. 이런 내 설명을 듣고 고객은 전화를 끊었다. 그러고는 다시 카톡이 왔다. 이렇게 세세하게 질문하고 답을 해주는 설계사는 처음이라면서, 만나지는 않았지만 카톡도 전화도 모두 정성이 느껴진다고 말해주었다. 내가 지향하는 사람 중심의 상담은 꼭 만나는 대면이 아니어도 만족을 줄 수 있다고 확신한다.

그렇게 30대 여성 고객의 설계는 다른 고객들보다 암에 대한 설계를 강화해야 했다. 60세를 전후로 80세, 90세, 100세를 복층으로 설계하면서 보험료는 저렴하지만 보장은 크게 넣었다.

위의 내용들처럼 신규로 보험에 가입할 때는 가족들의 질병에 대해서만큼은 설계사에게 자세히 얘기해주는 것이 설계하는 데 도움이 된다. 특히 가족 중에 고혈압이나 당뇨를 앓고 있는 사람이 있다면 관련 질병들과 밀접한 보장들을 꼭 설계해주고 있다. 고혈압이나 당뇨는 합병증이 생기면 가족이 함께 고생하는 경우가 너무나 많다. 나의 이모 두 분 역시 고혈압으로 인해서 뇌졸중을 겪으셨다. 작은 이모의 경우 현재는 건강을 되찾으셨지만 죽음을 문턱에 둘 정도의 위기를 넘겼다. 이모가 투병 중일 때 이모부와 사촌 동생들의 삶은 1년간 엉망이었다. 이모가 건강을 되찾을 때까지 모든 가족이 경제적으로나 심리적으로 힘든 시간을 보냈다.

이렇게 보험은 개인별 상황이 모두가 다르다. 신규 고객은 처음 가입하는 보험의 설계가 만족스럽다면 중간에 해지하는 일도 생기지 않는다. 해지할 일이 없다는 것은 결국 고객이 보험료를 손해 보지 않는다는 말이다. 어떤 것이든 처음 시작이 중요하다. 그중에서도 보험은 특히 자신의 노후를 책임져줄 든든한 미래 지원군이기 때문에 더욱 중요하다.

고객에게 맞는 보험료를 설계하라

온 국민 건강검진 제도 덕분에 정기적으로 건강검진을 받는 국민의 비율이 상당히 높아졌다. 이는 그만큼 질병에 대한 조기진단율 역시 높아졌다는 말이다. 건강에 자신하던 고객이 국가 건강검진에서 갑자기 질병으로 진단을 받는 경우도 자주 발생한다.

가령 검진 전날 마신 술 때문에 간수치가 오른 경우, 보험이 없던 분은 불안한 마음에 신규로 보험 가입을 서두르게 된다. 하지만 이때 보험 가입에는 제재가 생긴다. 검진에서 나온 간수치 때문이다. 고객은 걱정되는 마음에 다시 재검사를 받는다. 다행히 수치가 정상으로 돌아온다. 술로 인해 일시적으로 수치가 높아졌던 것이다.

그래도 보험 가입에는 제재가 생기는 것을 바꾸지는 못한다. 고객은 일시적으로 올랐던 간수치 때문에 보험 가입이 안 된다는 말에 화가 난다. 고객 입장에서는 억울할 수 있겠지만 보험회사 입장에서는 냉정하게 평가할 수밖에 없다. 한번 수치가 올랐다는 것은 이런 상황이 다시 올 수 있는 확률이 매우 높음을 암시하기 때문이다.

보험회사마다 다른 심사 규정을 갖고 있지만 이런 경우 간수치가 정상이라는 관련 서류가 있어야만 보험 가입이 가능하다. 하지만 그나마도 최소 3개월이 지나야 서류를 받는 보험회사도 있다.

이런 경우 고객은 마음이 조급해진다. "진작 보험에 가입해뒀어야 하는데"라고 후회한다. 하지만 오히려 이런 경우일수록 조금 더 신중하게 보험을 들 필요가 있다. 고객은 이미 병원에 간수치에 해당하는 질병 코드로 이력이 생겼다. 보험회사에는 이력이 생겼을 경우 할증된 보험료를 책정한 보험에 가입할 수 있는 상품들이 많이 생겼다. 하지만 이런 경우 할증의 보험료가 고객에게는 부담으로 이어지기 때문에 오히려 3개월 후 재검사를 통해서 간수치에 대한 심사를 받고 할증되지 않는 보험료로 가입하는 것이 훨씬 유리하다.

보통 보험료는 20년, 30년으로 장기적으로 납입하게 된다. 할증된 보험료가 월 2만 원이라고 해도 이 액수로 20년을 납입하면 480만 원, 30년을 납입하면 무려 720만 원을 더 납입하게 되는 셈이다.

만약 바로 가입이 가능하다고 말하는 설계사가 있다면 3개월 후 서류를 첨부해서 적정한 보험료를 내고 가입해야 한다고 말하는 설계사의 제안서와 서로 비교해볼 필요가 있다. 보험료가 다르다면 바로 가입을 권유하는 설계사는 할증된 보험료의 상품을 말하는 것이 분명하기 때문이다. 그렇기 때문에 조급한 마음을 갖지 않고 천천히 보험 가입을 알아보는 것이 고객에게는 불필요한 보험료를 더 부담하지 않는 좋은 방법임을 기억하자.

이 경우에는 오히려 가족 중에 간수치 상승 이력이 있었는지 확인을 해보는 게 더 도움이 된다. 다른 가족에게도 간질환 관련 이력이 있다면 사전에 유전적인 부분을 확인하는 기회로 삼으면 된다. 이때는 오히려 보험으로는 더 보완이 필요하다는 말이 되니 설계를 더욱 철저히 할 수 있다. 몸에서 이상 신호를 보내오는 질병이 생기는 경우라면 오히려 자주 병원에 가서 체크해보는 것도 평소 건강 관리에 도움이 된다.

보험을 장기적으로 유지하지 못하는 중요한 이유 중 하나는 보험료가 부담스럽기 때문인 경우가 많다. 처음에는 1만~2만 원에서 시작할 수 있지만 필요한 보험이 생겨서 보험료가 늘어나면 처음 생각했던 것보다 훨씬 높은 보험료를 내고 있다는 고객이 많다.

보험은 신규 가입이 중요한 것이 아니라 유지가 중요하다. 물론 운전자보험, 주택화재보험처럼 특성상 법적인 부분이나 고객에게 유리한 시대적인 보장 내용일 경우에는 변화가 필요할 수 있다. 하지만 장기적으로 유지해야 하는 상품일 경우에는 고객에게 맞는 보험료를 납입하는 것이 중요하다. 고객에게 필요할 때 도움이 되어줄 보험은 반드시 유지가 되어 있는 보험임을 명심하자.

진정성 있는 설계사가 보험의 질을 결정한다

고객이 먼저 마음으로 느낀다

처음 보험에 가입하는 신규 고객들과 상담을 할 때 종종 듣게 되는 말이 있다.

"따님이 보험에 가입한다면 어떤 걸 추천해주시겠어요?", "부모님 보험 가입한다 생각하고 신경 써주세요", "가족이라고 생각하고 보험료 저렴하게 좋은 걸로 가입해주세요", "설계사님 부모님 노후에 쓰실 돈이라고 생각하고 부탁드려요".

이렇게 말하는 고객의 심정을 나는 충분히 이해한다. 오랜 시간 내는 보험료가 자신과 가족들에게 필요한 순간에 큰 도움이 되기를 바라는 마음이 큰 것이다. 매달 내는 보험료가 자신의 노후에 쓰이게 될 연금으로, 적립으로, 보장성으로 나가고 있지만 정확한 목적과 가치가 있기 때문에 그 돈은 아깝지가 않다. 하지만 이렇게 든든한 마음이 드는 재무 설계가 되려면 처음 신규 보험 가입이 중요하다.

많은 보험회사, 수많은 보험상품 중에서 고객에게 가장 큰 이득을 줄 수 있는 상품을 찾아내는 것은 설계사의 몫이다. 하지만 그런 상품을 찾게끔 설계사를 움직이게 하는 부분은 어디까지나 고객의 몫이다. 앞에서 예로 든 당부의 말이야말로 고객이 설계사를 움직이게 하는 대표적인 말들이다.

이런 고객의 소리에도 설계사 수당이 높거나 시책이 높은 상품만을 고집하는 설계사는 분명히 있다. "무조건 좋다", "이만한 보장이 없다", "단점이 없다"는 말들만 하는 설계사에게는 보험을 믿고 맡기기가 영 불안하다. 이럴 때 고객은 과감히 멈추어야 한다. 20년, 30년 장기적으로 보험료를 납입해야 하는 고객이 처음 시작부터 설계사에게 믿음이 생기지 않는다면 차라리 가입을 하지 않는 편이 맞다.

이럴 때 오히려 그대로 보험 가입을 진행하면 보험이 자꾸 신경 쓰이게 된다. 그렇게 고민만 하다가 몇 년 시간이 지나고 나서야 모르는 설계사를 통해서 가입해둔 보험의 문제점을 듣고 보험 리모델링을 결심하게 된 고객들이 한결같이 하는 말은 "아는 사람이라 믿고 맡겼다"는 말이다. 결국 고객은 몇 년간의 보험료를 손해 보는 경우가 생긴다. 따라서 보험에 가입할 때는 보험료뿐 아니라 보험료 그 이상의 보상 내용이 분명히 들어 있는가를 확인하자.

설계사가 고객의 보험을 본인의 보험처럼 설계하고 신경 쓸 때는

'사례'가 많이 소개되기 마련이다. 또 고객과 공감하기에 실제 사례만큼 중요한 부분도 없다. 현장에서 설계사와 상담을 할 때 고객은 이런 내용들을 확인하면서 듣는 것이 중요하다. 진정성 있는 설계사의 상담은 고객이 먼저 마음으로 느낄 수 있다.

신규 보험 가입자에게서 "잘 부탁드립니다"라는 당부를 듣게 되면 나는 달리기를 할 때 경쟁 상대들과 출발선에 선 듯한 기분을 느낀다. 적어도 나를 찾아온 고객은 다른 설계사의 고객보다 좋은 설계와 튼튼한 보장을 받게 해주고 싶다는 혼자만의 경쟁의식이 싹튼다.

실질적으로 도움이 되는 보험에 가입하라

국민보험이라 할 수 있는 의료실비보험은 고객에게는 정말 필요한 보험이다. 우리나라는 의료실비보험의 역사가 길지 않지만 각 보험사마다 너무 많은 손실률을 보이는 대표적인 상품이다. 그럼에도 고객에게 필요한 상품이므로 가입을 해두는 것이 맞다고 정확하게 말할 수 있는 상품이기도 하다.

68세 남성 고객이 암보험 상담을 요청해왔다. 60대, 70대 고객은 보통 한두 가지의 만성질환을 앓고 있는 것이 일반적이지만 이분은 매우 건강했다. 약도 복용하는 게 없었고 병원 자체를 가본 적이 없다는 얘기를 스스로 자랑스러워하듯 말해주셨다. 건강관리를 잘했다는 얘기도 덧붙였다.

상담을 하는 동안 의료실비보험이 있는지를 물었지만 가입되어 있지 않았다. 이런 경우는 고객에게 필요한 보험의 우선순위가 암보험보다는 의료실비보험이다. 하지만 고객은 암보험에 가입하고 싶어 했다. 보험료 12만 원 정도에 암 진단금은 2,000만 원으로 가입하고 싶다고 했다. TV 홈쇼핑을 통해서 몇 번 상담을 받은 적도 있다고 했다.

이분의 경우엔 12만 원 안에서 고객이 원하는 암보험과 의료실비보험에 함께 가입하는 것이 가장 합리적이고 효율적이다. 이것이 고객에게 가장 도움이 되는 보험의 구성이다.

만약 고객의 말대로 암보험만 가입했다고 가정해보자. 심장질환 중에서 발병률이 높은 협심증이 갑작스럽게 진단되거나, 뇌혈관질환 중에서 발병률이 높은 뇌경색이 진단되었다고 하면 암 진단금이 아니기 때문에 전혀 보상받을 게 없다. 고객 본인이 치료비를 모두 해결해야 하는 상황이 생긴다. 의료실비보험이 없기 때문에 입원치료비, 통원비 모두 고객 부담으로 이어진다. 60~70대 남성 고객들이 많이 청구하는 전립선질환이 생겨도, 흔하게 녹내장과 백내장 수술을 하게 될 때에도, 고혈압이나 당뇨가 생겨 만성질환으로 합병증이 생겨도 그 어떤 것도 암 진단이 아니므로 보상이 되지 않는다.

하지만 암보험을 2,000만 원이 아니라 1,000만 원으로 낮춰 가입하고 나머지로 의료실비보험에 가입하면, 그때 설사 암 진단이 된다 해도 진단금으로 1,000만 원을 받고 의료실비에서는 수술, 입원, 통원 치료에 대해 보상받을 수 있다. 꼭 암이 아닌 다른 질병이나 상해가 생긴다고 해도 의료실비보험에서 보상받을 내용들이 많기 때문에 고객에게는 실질적으로 도움이 된다.

신규로 처음 보험에 가입하는 고객은 대부분 주관적으로 생각하고 판단하게 된다. 하지만 이런 생각은 위험하다. 가장 중요한 우선순위는 무조건 의료실비보험이다. 각종 다양한 질병과 상해가 있지만 고객한테 어떤 상황이 생길지는 모른다. 하지만 가장 영역이 넓은 보험을 1순위에 두는 것이 고객에게는 가장 중요하다.

'암 진단율이 높기 때문에 암보험에 가입한다'는 단순한 생각을 하더라도 일단은 전문가에게 상담하는 것이 고객한테는 무조건 도움이 된다. 가족력과 직업, 고객의 경제 상황 등을 고려한 보험을 만드는 것이 고객이 탈 수 있는 보험에 근접하는 가장 합리적인 방법이다. 그리고 이 방법은 전문가의 도움을 거쳐야 완성된다.

내 집 마련보다
보험 테크가 우선이다

늘어나는 질병은 생활 속에 있다

사람이 살아가려면 의식주가 반드시 필요하다. 그중에서도 우리는 '주'에 해당하는 주택 마련을 일생의 목표로 살아가는 경우가 많다. 그런데 내 집 마련을 위해 열심히 일만 하다가 어느 날 덜컥 질병이 생기거나 사고가 일어나 건강을 잃으면 어떡할까? 인생은 알 수 없는 일이기에 이에 대한 대비는 반드시 필요하다.

'식'은 우리에게 기쁨을 주는 필수 요소다. 먹는 기쁨이란 일상에서 느끼는 가장 큰 행복일 수 있다. 경기도 안산에 살고 있는 내 친구는 아들만 둘을 키우는데, 큰아들의 비만 때문에 크게 고민한 일이 있었다. 아들의 비염이 심각한 상태여서 수술을 해야 하는데 간수치가 높아서 당장 수술이 어려웠던 것이다. 이제 중학생인 친구 아들은 키 168센티미터에 몸무게가 100킬로그램을 육박했다. 어려서부터 고기가 없으면 밥을 잘 안 먹었고, 지금도 콜라를 비롯한 탄산음료를 입에 달고 사는 탓이었다. 친구의 아들은 간수치를 조절하는 약을 한 달 넘게 복용하고 나서야 비염 수술을 받을 수 있었다.

고객의 자녀 중에는 영유아기에 아토피 때문에 고생을 하는 경우가 많다. 말도 못 하는 아이가 심한 피부염으로 시달리는 모습을 보면 부모는 애가 타기 마련이다. 이런 경우는 아이가 먹는 음식뿐만 아니라 집 안의 환경도 매우 중요하게 관리해야 한다. 특히 땀 흡수에 좋은 면제품의 의류를 입혀야 하는 등 일상에서의 모든 노력이 필요하다.

세계보건기구(WHO)는 2013년 10월 미세먼지를 제1군 발암물질로 지정했다. 제1군 발암물질에는 최근 사회적 이슈가 되고 있는 라돈과 담배 연기도 포함된다. 불과 10년 전만 해도 "미세먼지 때문에 중국 사람들은 어떻게 살아갈지 걱정이다"라는 말을 했는데, 지금은 그 말이 우리에게 부메랑이 되어 돌아왔으니 참으로 아이러니한 현실이다. 미세먼지 속에 포함된 중금속은 탈모에도 치명적인 영향을 미친다고 한다. 따라서 이제 보험을 신규로 가입하는 고객들은 환경적인 요건도 고려 항목에 포함해서 상품을 선택할 필요가 있다.

나는 신규로 보험에 가입하는 고객에게 '보험 테크'를 설명해준다. 내 집 마련을 위해 재테크를 하는 사람들은 많다. 이들은 소득과 지출의 규모를 파악하고 조정을 통해서 재산 증식을 높이려고 재테크에 늘 관심을 기울인다. 보험 테크도 마찬가지다. 단지 관심 있는 재테크 분야가 다를 뿐이다. 보험, 부동산, 주식, 펀드, 은행 적금 등 본인과 맞는 상황의 분야를 선택하는 것이다. 하지만 부동산, 주식과 펀드 투자 같은 위험 부담이 높은 재테크는 주로 고소득층에서 할 수 있는 재테크 방법이다. 보통 사람들은 대개 단기적으로 은행을 이용하는 경우가 많다. 하지만 그것도 2000년대 들어서면서 비과세제도 축소 및 폐지로 인해 재테크로서의 역할을 제대로 수행하기가 어려워졌다.

그런데 보험의 경우는 다르다. 은행보다 높은 금리를 적용받을 수 있고 비과세 한도 역시 충분하게 적용받을 수 있다. 사업비를 크게 신경 쓰지 않는 적립도 얼마든지 할 수 있다. 특히 우리가 살아가는 일상에서 필요한 보장을 준비해두는 것 자체가 보험 테크라고 할 수 있다. 보험회사의 손실률이 높은 의료실비보험 경우만 봐도 알 수 있다. 사소한 질병부터 큰 질병까지, 사소하게 다치는 상해부터 크게 다치는 상해까지 언제 어느 때 병원에 가도 치료와 검사, 입원과 수술 전 과정의 치료비를 본인부담금 정도를 제외하고는 본인이 부담을 지지 않아도 된다.

따지고 보면 의식주를 비롯하여 살아가면서 필요한 모든 상황들이 보험과 밀접히 연관되어 있다. 그리고 생각보다 주변에서 일어나는 많은 일들이 보험을 필요로 하고 있다. 미세먼지처럼 외부 요인으로 생겨나는 문제도 점점 많아지고 있다. 이름도 모르는 질병의 수도 계속 늘어나겠지만 결국 우리를 지키는 보험, 대비하는 보험 테크를 만든다면 오히려 든든함에 마음 편한 일상을 보낼 수 있을 것이다.

성공적인 보험 테크 사례

사회가 발전할수록 생겨나는 직업도 점점 많아지고 있다. 요즘은 특히 1인 크리에이터들이 활발하게 활동하며 각광받는 시대다. 이제는 스마트폰 한 대만으로도 전 세계를 겨냥해 자신을 알릴 수 있는 세상이 되었다.

자신이 좋아하는 것들을 세상에 알릴 수 있는 기회는 생각보다 많다. 그런 이유로 꼭 대학에 가지 않고도 본인이 원하는 일을 하고 싶어 하는 젊은 친구들이 늘어났다. 또 자신이 꿈꾸던 일을 현실로 이루고 싶다는 생각에 과감하게 직장을 그만두고 꿈에 도전하는 사람들도 늘어났다.

하지만 아무런 준비 없이 꿈에 도전하는 일은 성공할 확률이 거의 없다. 충동적인 마음에 직장을 그만두고 치킨 집을 차린다 한들 '사장'이라는 타이틀이 주는 기쁨은 잠시 잠깐이다. 배달 직원이 갑자기 그만두고 아르바이트생이 속을 썩인다. 그래서 가족들끼리 돌아가며 일하느라 진을 빼지만 그렇게 고생해도 인건비는커녕 유지되는 것만도 다행인 경우가 많다. 그런데 이렇게 힘든 생활을 하다가 어느 날 덜컥 아프거나 사고가 난다면 어떻게 대처할 수 있을까? 배달 일을 갔다가 오토바이 사고로 한쪽 다리를 심하게 다치기라도 한다면? 일하다가 얻게 되는 많은 질병과, 갑작스러운 사고에 대비하지 않은 창업은 본인은 물론이고 가족 전체를 무너뜨릴 수 있으므로 대비는 필수다.

다음 30세 남성의 보험 가입 사례를 살펴보자.

| 30세 남성, 10년 납, 가입 금액 7,500만 원 |

납입보험료 50만 4,000원. 추가납입 50만 4,000원

나이	납입보험료	사망보험금	해지환급금	환급률(%)
40세	12,096	14,298	12,307	101.8
45세	12,096	15,348	14,530	120.1
50세	12,096	16,848	16,694	138.0
55세	12,096	19,336	19,189	158.6
60세	12,096	22,228	22,059	182.4
65세	12,096	25,551	25,357	209.6

(단위: 만 원)

30세 남성이 치킨 집을 차렸다. 본인의 월급 100만 원은 무조건 받는 계획을 세웠다. 그래서 고객은 확정금리가 적용되는 종신보험에 가입했다. 10년을 납입하기로 했다. 종신보험은 사망보험금이 기본이다. 처음 가입 시에는 7,500만 원의 사망보험금을 보장하는 내용이었다. 그런데 사망보험금은 5년 후부터 계속 체증이 되는 형태였다.

그리고 중요한 건 100만 원의 보험료 안에는 추가납입보험료 절반이 포함되어 있다는 사실이었다. 납입보험료는 매달 50만 4,000원이었다. 하지만 이렇게만 납입하게 되면 종신보험의 특성상 사업비 지출로 고객의 환급률과 적립에는 큰 의미가 없는, 말 그대로 사망보험금의 역할이 된다. 물론 사업을 하는 동안에 운영자가 사망하는 일이 생길 때를 대비해서 종신보험에 가입해두는 경우도 있지만, 적립을 함께 고려한 운영을 위해서는 반드시 추가납입을 활용해야 한다. 추가납입은 고객한테 사업비를 부여하는 것이 거의 없다. 처음 3% 또는 2%로

회사별로 차이가 나지만 그 정도 사업비만 차감을 한다. 그것도 시간이 지나서 확정금리 3% 또는 2.9%, 2.8%에 복리이자가 붙는다면 염려하지 않아도 되는 정도의 지출이다. 추가납입은 결국 회사에는 큰 도움이 되지 않지만 고객에게는 큰 도움이 되기 때문에 추가납입 한도를 보험회사마다 줄여나가고 있는 추세다.

납입이 끝나는 고객의 나이는 40세, 사망보험금은 처음의 7,500만 원보다 높은 1억 4,300만 원 정도로 거의 두 배 가까이 높아졌다.

고객이 총납입보험료는 1억 2,100만 원 정도다. 혹시 고객이 사업을 하는 중간에 사망하게 되면 납입보험료보다 사망보험금이 훨씬 큰 것을 앞의 표에서도 확인할 수 있다. 이런 경우 대출금이 있다고 가정하면 유족이 대출금 상환의 목적으로 사용해도 도움이 된다. 납입이 끝난 이후에는 확정금리와 추가납입의 힘으로 계속해서 해지환급금은 올라가는 것을 확인할 수 있다.

사업이 자리를 잡게 된다면 납입 기간이 끝나도 50만 4,000원의 보험료는 자율적으로 계속해서 납입할 수 있다. 그래도 확정금리는 계속 적용받는다. 한 가지 더 좋은 것은 계속해서 붙어가는 이자에 이자소득세를 전혀 내지 않아도 되는 비과세라는 것이다.

그런데 고객이 10년만 납입을 하고 그냥 유지만 한다고 가정하면 65세 기준으로 해지환급금만 해도 2억 5,000만 원이 넘는다. 보통 연금 전환을 많이 하는 시기이다. 그런데 여기서 한 가지 더 좋은 점은 만약에 연금으로 전환하겠다고 하더라도 연금 이율로 떨어지는 금리가 아니라 계속 확정금리를 적용받는 것이다. 만약 한꺼번에 목돈이 필요하

| 사망보험금 선지급 |

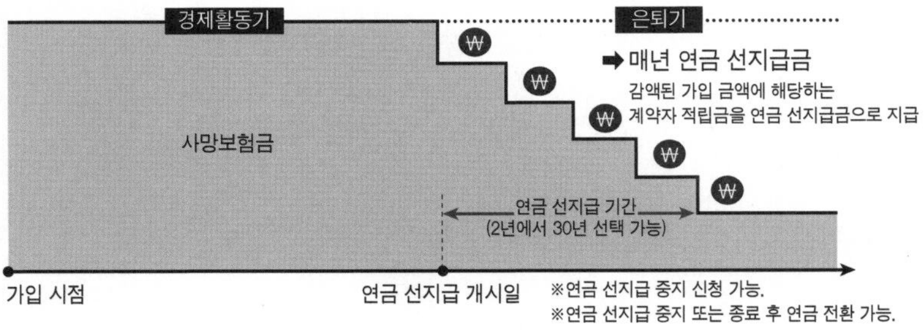

면 인출해도 된다. 아니면 모두를 찾을 거라면 해지해도 된다. 어떤 경우도 본인이 납입한 1억 2,000만 원보다 높은 금액을 받게 된다. 사망보험금을 조금씩 감액하면서 연금을 받는 구조임을 알 수 있다.

이렇게 미래를 대비하는 보험 테크를 함께 시작하는 창업은 고객에게는 큰 힘이 되어준다. 실패보다 더 무서운 것은 아무것도 하지 않는 것이라는 말에 나는 공감한다. 제대로 준비만 할 수 있다면 어떤 것도 두려워하지 않을 수 있다.

현재 경제 상황과 미래 계획까지 설계사와 공유하라

제대로 된 설계사는 수수료를 계산하지 않는다

1인 가구가 늘어나면서 1인 가구를 겨냥한 상품들이 눈에 띄게 많아지고 있다. 예전에는 짜장면 한 그릇을 주문하기가 왠지 눈치 보였지만, 지금은 1인분을 주문할 수 있는 앱이 스마트폰에 넘쳐난다. 금액도 5,000원이면 충분히 배달이 가능하다. 매주 원하는 날짜에 국과 반찬을 배달시킬 수 있고, 세탁물도 전화 한 통이면 수거부터 세탁, 배달까지 해준다. 마트 장보기도 전화기 한 대면 충분한 세상이고, 당일 배송도 가능해졌다.

우리는 이제 생각보다 훨씬 편하게 원하는 것들을 얻을 수 있는 세상에 살게 되었다. 물론 경제적인 지출이 당연히 동반되어야 한다는 전제 조건이 붙지만, 생활 속 거의 모든 부분이 돈만 있으면 해결된다. 그러나 아직까지 '보험'은 아는 설계사, 소개받은 설계사에게 믿고 맡겨둔다. 그러니 만족스러울 수 없다. 물론 사람 중심의 설계를 해주는 설계사를 만난다면 그 고객은 '복 받은' 고객임이 틀림없다고 나는 생각한다. 제대로 된 보험설계는 갑작스러운 사건, 사고와 늘어나는 질병의 홍수 속에서 현재를 살아가고 있는 고객을 지키는 역할을 제대로 해낼 것이기 때문이다. 그래서 신규 고객은 처음부터 이런 사람 중심의 재무 상담과 재무 설계를 해주는 전문가와 상담받는 것이 중요하다.

하지만 사람 중심 설계가 아닌 설계사의 영업 중심의 설계가 이루어진다면 결과는 정반대가 된다. 이런 이유로 고객은 보험을 선택할 때 설계사에게만 맡겨두어서는 안 된다. 고객이 관심을 기울이는 보험은 보상 면에서도 매우 훌륭한 설계로 만들어지지만 설계사에게도 제대로 성장할 수 있는 든든한 발판이 된다. 변화하는 보험 시장 속에서 늘 판매하던 상품만 판매하는 설계사는 우물 안 개구리와 같기 때문이다. 고객의 질문과 관심이 설계사를 움직이게 하는 현장의 공부가 된다는 사실을 고객은 명심해야 한다.

20대 고객이 사회에 첫발을 내디뎠다. 친구의 권유로 보험설계사를 만났다. 50대의 노련한 설계사는 20대 고객의 마냥 착한 모습에 설계사 수수료가 높은 종신보험만을 권유했다. 보장에 대한 내용보다는 고객이 50대, 60대가 되면 해지환급금이 많다는 말만 반복적으로 했다. 여러 가지 특약은 저렴하게 갱신형으로 가입하면 된다는 설계사의 얘기에 젊은 고객은 좋은 상품이라고 생각하게 된다. 젊은 고객은 별 질문도 하지 않고 설계사가 권유하는 상품에 사인을 한다.

이제 막 사회생활을 시작한 고객이 추가납입을 통해 제대로 적립한다면 고객에게는 득이 되지만 설계사가 추가납입을 권유하지 않았다면 고객에게는 그냥 사망보장에 해당하는 보험이 될 뿐이다. 거기다 여러 가지 특약을 갱신형으로 설정하는 방법은 고객에게 도움이 되지 않는다. 설계사는 갱신의 장점과 단점을 고객에게 제대로 설명했어야 한다. 추가납입을 하는 경우와 하지 않는 경우를 제대로 구별해서 알려야 했다. 더군다나 가장 중요한 의료실비보험은 설계사의 수당에 거의 도움이 되지 않는다는 이유에서 아예 설명조차 하지 않았다. 20대 고객에게 제일 필요한 보험은 단돈 1만 원도 되지 않는 의료실비보험인데도 말이다.

보험은 적지 않은 금액을 보험료라는 명목으로 긴 시간 납입해야 하는 상품이다. 따라서 고객은 보험료를 납입하는 동안 든든함을 느껴야 하고, 설계사는 고객이 내는 보험료가 고객에게 돌아갈 혜택이므로 기분이 좋아야 한다.

| 20대 미혼 여성 사례(종신보험 20년 납, 16만 7,000원) |

주계약	사망보험금	1억 원
특약	암 진단금 뇌출혈 진단금 급성심근경색증 진단금 질병 수술비 재해 수술비 특정질병 수술비 질병 입원일당 상해 입원일당	5,000만 원(3년 갱신형) 3,000만 원(3년 갱신형) 3,000만 원(3년 갱신형) 최대 300만 원(3년 갱신형) 최대 300만 원(3년 갱신형) 최대 1,000만 원(3년 갱신형) 3만 원(3년 갱신형) 3만 원(3년 갱신형)

→ 의료실비보험 누락. 모든 특약 갱신형 담보만 가입함.

적게 내고 많이 받는 사람, 많이 내고도 적게 받는 사람의 차이는?

신규 보험 가입 고객은 설계사를 믿고 본인의 경제 상황과 미래 계획에 대해서 재무 상담을 하게 된다. 그런데 이런 상담 내용을 감정이입이 전혀 안 된 매니저에게 전달하게 된다면 매니저는 어떤 설계를 하게 될까? 설계사가 어느 정도 전달했다고 가정해도 고객과 직접 상담을 한 설계사만큼 마음으로 설계해줄 수는 없을 것이다.

예를 들면 결혼 계획이 없는 고객이라고 가정해보자. 암보험과 수술비 관련 보험에 필요한 설계를 하려고 한다. 딱 암보험과 수술비만 넣고 싶지만 보험회사에서는 그 두 가지의 위험률 모두를 계산하기 때문에 사망이나 크게 장해가 되었을 경우 보장받는 내용들을 의무로 요구한다. 이왕이면 고객에게 필요한 보장을 넣어줘야 하는데 결혼 계획이 없는 고객에게 보험회사 매니저는 갱신형 질병사망을 넣는다. 갱신형 특약은 처음에는 저렴하지만 시간이 갈수록 보험료가 올라가고 20년, 30년의 기간 제한 없이 계속 납입을 해야 한다. 거기다 결혼 계획이 없다면 굳이 사망은 고객에게 필요하지도 않다. 이렇게 설계된 청약서를 들고 설계사는 고객을 만나서 다시 상담을 하고 고객의 사인을 받고 계약이 체결된다.

물론 고객이 혹여 사망을 하게 되는 경우라면 남은 가족이 사망보험금을 받을 수도 있다. 하지만 만약에 생명보험회사가 아닌 손해보험회사였다면 질병사망이 모든 사망을 커버하지 못하는 함정이 있다. 아파서 사망을 하는 질병사망 안에는 사망의 종류가 맞아야 사망보험금이 지급되기 때문이다. 특히 활동량이 많은 고객은 다쳐서 수술할 수 있는 확률이 높기 때문에 수술 후 후유장해를 3%부터 인정받을 수 있는 좋은 보장인 상해후유 3%, 운전을 직업으로 한다면 상해사망 혹은 고객에게 연관성 있는 담보를 고객에게 맞게끔 선택해주는 것이 합리적이다. 그런데 매니저에게 별다른 정보 없이 설계를 넘기면 어떻게 될까? 심지어 "그냥 매니저님이 알아서 보험료 10만 원 안에서 설계해주세요"라고 맡기는 설계사도 많다.

과연 설계사 본인과 가족의 보험설계였다고 해도 그렇게 할 수 있을까 싶다. 때로는 보험료 1만 5,000원을 납입해도 수천만 원의 보험금을 타갈 수가 있다. 하지만 훨씬 많은 보험료를 내면서도 그다지 탈 수 없는 보험이라면 그 차이는 설계의 차이밖에는 없는 것이다. 고객은 설계된 그대로를 보험금으로 받게 되니 말이다.

생명보험과 손해보험의 가장 큰 차이점은 보상 방법에 있다. 생명보험은 약속한 금액을 보상하는 정액보험으로 사망보험금이 대표적이다. 손해보험은 손해액을 보상하는 보험으로 의료실비보험과 자동차보험을 대표적으로 꼽을 수 있다. 생명보험에는 종신보험이라는 특성으로 사망보험금을 기한 없이 보장해주지만, 손해보험에는 종신보험이 존재하지 않는다. 그래서 사망보험금은 생명보험에 넣는 것이 맞다. 요즘은 손해보험도 생명보험처럼 정액으로 보장해주는 특약들이 많이 있다. 과거에는 의료실비보험은 손해보험사만 가입이 가능했지만 현재는 생명보험에서도 의료실비보험이 가능해졌다.

다음 사례를 보며 둘의 차이를 비교해보자.

사례 1

보험료 1만 5,000원을 납입하는 40대 여성 고객은 생명보험에 80세 만기 전기납으로, 80세까지 보장을 받고 80세까지 납입을 하는 건강보험에 가입했다. 길게 납입하려는 이유는 보험료를 저렴하게 하려는 생각에서이기도 했지만 보험을 유지하는 중간에 납입을 면제받을 수 있는 조건이 있었기 때문이다.

보장 내용으로는 암 진단금 1,000만 원, 뇌출혈 1,000만 원, 급성심근경색 1,000만 원과 수술비 보장 등이 가입되어 있었다. 어느 날 고객은 자궁근종으로 자궁을 적출하는 수술을 받게 되었다. 수술비는 정액으로 240만 원과 입원비 15만 원을 더해서 255만 원을 지급받았다. 그로부터 3년 후 난소암으로 진단되면서 난소까지 적출하게 되었다. 암 진단금 1,000만 원과 수술비, 입원비를 포함 1,300만 원이 넘는 금액을 보험금으로 지급받았다. 그리고 자궁과 난소, 난관까지 적출이 된 상태였으므로 질병후유 50% 이상에 해당되어서 보험료 1만 5,000원마저도 납입을 면제받게 되었다. 납입을 면제받으면 고객은 보험료를 내지 않지만 추후 수술비나 입원비 등은 반복적으로 보상받을 수 있다.

사례 2

보험료 15만 원을 납입하는 40대 여성 고객은 생명보험에 CI종신보험을 가입해두었다. 20년을 납입하고 종신토록 사망보험금을 보장받지만 중대한 암, 중대한 뇌출혈, 중대한 급성심근경색 등의 진단금 2,000만 원과 수술비 보장은 80세까지 보장이 되는 내용으로 가입되어 있었다.

어느 날 뇌출혈에 진단이 된 고객은 수술과 입원을 하게 되었지만 중대한 뇌출혈이라는 진단이 나오지 않았다는 이유로 진단금 2,000만 원을 보상받지 못했다. 수술비 특약에서만 100만 원을 보상받은 게 전부였다. 종신보험의 특성상 사망보험금에 대부분의 보험료가 배치되어 있었고 특약 역시 갱신형에 보상의 범위가 한정적인 내용들이었기 때문이다.

이처럼 두 경우의 보험료는 차이가 많이 나지만 고객이 받는 보상은 보험료에 따라가는 것이 아니라는 사실이 명확하다는 것은 그만큼 설계가 중요하다는 것을 의미한다.

보험상품으로 재테크하라

비과세는 보험회사에 맡겨라

은행에 저축, 적금을 하는 고객은 단기 상품을 좋아하는 경우가 대부분이다. 성격상 10년, 20년 장기적으로 납입하는 것 자체를 부담스러워하거나 싫어하는 고객도 물론 있다. 좋다, 나쁘다는 말로 평가할 수 없는 문제이기 때문에 고객의 성향에 따라 은행, 보험회사 혹은 그 외의 상품들을 찾아 저축을 하게 된다.

현재 우리나라의 이자소득세(지방세 포함)는 15.4%다. 이 공제 액수는 아직까지는 큰 부담이라고 할 수 없다. 앞으로는 우리나라도 일본의 40.0%, 스위스의 50.9%, 네덜란드의 60.0%처럼 높은 비율의 이자소득세를 적용받을 날이 올 수도 있다는 말이다.

고객이 열심히 일해서 모은 돈으로 인해 이자가 1,000만 원이 생겼다고 가정해보자. 그런데 여기서 이자소득세가 154만 원이나 공제된다. 이 정도 금액도 작다고 할 수는 없지만 그래도 열심히 모아둔 적립액으로 위로를 삼을 수 있다. 그런데 일본 기준인 40.0%가 적용된다면 어떨까? 1,000만 원에서 무려 400만 원이 이자소득세로 공제된다는 말이다. 하지만 비과세 혜택을 받을 수 있다면 1,000만 원 그대로가 오롯이 내 적립액이 되기 때문에 돈 모으는 재미와 함께 현실적인 수익을 얻게 되는 것이다.

우리나라도 2017년 4월부터는 이미 비과세 한도가 축소되었다. 다행히 보험회사에는 아직 비과세 한도가 충분하다. 앞으로 어떻게 개정될지 모르지만, 적어도 비과세 자체에 대한 필요성은 충분해졌다.

15년, 20년 전만 해도 보험회사의 최저보증이율은 높은 편이었다. 예를 들면 당시 보험회사가 적립에 적용하는 이율이 10%였다고 가정해보자. 만약 금리가 11%, 13%, 15%로 올라갈 경우 보험회사는 올라가는 금리를 그대로 적립금에 적용해주었다. 반대로 금리가 떨어지는 경우에도 7%, 8%의 최저는 무조건 적용을 해주었다. 요즘 7~8%의 최저보증이율을 보장하는 상품이 있다면 아마 당장 그 보험회사 앞에 긴 줄이 늘어설 것이다. 하지만 요즘의 금리 현실은 2~3%가 고작이다.

이율이 높을 때에도, 낮을 때에도 모아둔 원금에 생기는 이자에 세금을 내고 싶은 사람은 없을 것이다. 은행권은 최저보증이율도 없지만 비과세 역시도 3,000만 원 한도로 정해져 있거나 나이 제한이 있는 경우가 대부분이라 과거의 상품에 아쉬움이 더 크게 느껴진다.

살아가면서 돈이 계속 필요한 건 말할 것도 없다. 그 돈의 축적을 어떻게 하는지가 관건이다. 부동산이나 경매, 펀드, 주식을 통해서 재테크를 잘하기란 쉽지 않다. 오히려 모아둔 재산까지도 잃어버릴 가능성이 생기는 분야들이다. 하지만 보험으로 가입하는 비과세는 어렵지 않다. 단점이라면 시간이 필요할 뿐이다.

종신보험은 대표적인 재테크 상품이다

35세 남성 고객이 결혼과 동시에 종신보험 가입을 요청해왔다. 사랑하는 가족들을 위한 가장으로서의 준비였다. 혹시 고객이 사망하게 되면 배우자와 남게 될 자녀를 고려한 선택이었다.

이런 경우 나는 당연히 비과세 적용이 되는 종신보험을 설계한다. 그리고 고객이 사망했을 때를 위한 종신보험이지만, 나는 고객이 생존했을 때 역시도 계산을 한다. 우선 보험회사들의 이율이 점점 낮아질 것을 대비해서 최저보증이율이 3%인 상품을 선택했다. 또 앞으로 태어날 자녀를 위해 사망보험금이 갈수록 높아지는 체증형을 선택하고, 자녀가 성장해서 결혼을 하게 되는 시기에는 고객이 납입한 총보험료보다 훨씬 많아진 금액으로 연금 전환을 해서 고객의 노후 자금으로 활용하거나 혹은 한꺼번에 필요한 목돈을 위한 해지환급금으로 선택할 수 있게끔 설계했다. 점점 낮아지는 최저보증이율과 비과세 모두를 선택해야 하는 설계였다. 고객은 본인 나이 70세부터 연금받을 때를 확인해보고는 이렇게 말했다.

| 35세 남성 사례(종신보험 20년 납, 44만 5,500원) |

가입 금액 5,000만 원, 정기특약 5,000만 원, 체증형(추가납입 적용 시)

경과 기간	고객 나이	납입보험료 누계	사망보험금
10년	45세	5,346	13,104
15년	50세	8,019	14,906
20년	55세	10,692	17,208
총납입보험료 10,692			

(단위 : 만 원)

| 재테크가 되는 종신보험 |

연금 개시 70세, 15년간 수령 시

경과 나이	연금 선지급 후 해지환급금	연금 선지급금(매년)	
70세	17,436	979	총 17,933 수령
71세	16,920	1,007	
72세	16,362	1,035	
73세	15,758	1,064	
74세	15,107	1,094	
75세	14,406	1,125	
76세	13,654	1,157	
77세	12,847	1,189	
78세	11,985	1,223	
79세	11,063	1,257	
80세	10,080	1,292	
81세	9,033	1,328	
82세	7,919	1,336	
83세	6,735	1,404	
84세	5,479	1,443	
85세	5,631	0	
86세	5,786(해지환급금)		

(단위 : 만 원)

"보험도 재테크가 되네요. 이게 바로 재테크지요."

고객의 답에 오히려 내가 더 감동을 느꼈다.

보험회사의 비과세로 자녀에게 물려주자

재테크는 살면서 우리에게 매우 필요한 부분이지만 대부분의 사람들은 재테크를 어떻게 해야 하는지조차도 모르는 경우가 많다. 나 역시 '부동산을 배워볼까?', '경매를 배워볼까?', '아니면 주식?' 막연하게 생각해본 적이 있지만 막상 하려고 마음먹기란 쉽지 않았다.

특히 어린 자녀들을 둔 부모들은 자녀를 위한 학자금 마련을 가장 크게 생각하는 만큼 재테크의 필요성도 절실히 느끼고 있다. 사교육비가 많이 들어가는 우리나라 교육의 현실을 고려할 때 마음의 준비뿐 아니라 현실의 준비까지 해두어야 하기 때문이다.

2018년 11월, 나와 직원들은 코엑스에서 열리는 육아박람회에 참여했다. 주로 임산부, 자녀가 있는 부모, 결혼을 앞둔 예비 신혼부부, 일반인들까지 육아에 필요한 보험, 용품, 의류, 간식 등 다양한 정보를 받을 수 있고 구매할 수 있는 행사여서 4일간의 행사가 열리는 동안 상당히 많은 고객들을 만날 수 있었다. 우리 회사에서는 나를 포함해서 네 명의 설계사가 참여했다. 상담을 할 수 있는 부스는 세 자리여서 네 명이 돌아가면서 상담을 진행했다.

그 가운데 만난 20대 어린 부부가 생각난다. 그들은 박람회를 보기 위해 전라도에서 올라왔다고 했다. 너무 앳된 부부의 인상이 꽤 인상적이었다. 부부의 착한 인상 덕분에 자식을 마주하는 미소가 자연스레 나왔다. 당시 임신 중이던 산모는 태아보험과 관련된 상담을 받았다. 그리고 동시에 태어날 자녀를 위한 적립식 보험에 관심을 가졌다. 한 달에 30만 원 정도 적립을 생각하고 있었다. 부부는 자녀를 위한 막연한 교육비라고 생각했지만, 나는 미리 준비하는 대학 자금에 초점을 맞췄다. 20년간 30만 원을 보험료로 납입하면 고객의 원금은 총 7,200만 원이 된다.

하지만 고객이 낼 30만 원에는 당연히 추가납입보험료 15만 원을 포함시켜야 한다. 앞서도 말했듯이 추가납입은 보험회사가 사업비를 거의 차감하지 않는 방식이라 고객에게는 많이 유리하기 때문이다. 그래서 추가납입은 설계사 수수료와는 상관이 없다. 지금은 설계사도 이런 방식을 고객에게 많이 권유하고 있다. 과거에는 아예 이런 언급 없이 설계사 본인의 수수료가 높은 계약을 위해 그냥 30만 원 모두를 추가납입보험료 없이 계약하는 건들이 대부분이었다.

고객의 자녀는 2019년에 태어난다. 이해에 태어난 자녀가 대학에 입학해 등록금이 필요한 시기는 2038년이 될 것이다. 등록금은 대학에 따라서 각기 다르다. 평균으로 잡아 한 해 등록금을 800만 원으로 가정했다. 그렇게 4년의 등록금을 계산하면 총 3,200만 원이 된다. 단순하게 계산하면 고객이 모아둔 원금은 7,200만 원이고 거기서 자녀의 대학 자금으로 3,200만 원을 꺼내서 쓴다는 말이다. 그러면 4,000만 원이 남아야 하지만 추가납입을 했고, 복리이자가 계산된 이유로 6,000만 원이 남게 된다. 당연히 고객은 납입을 다 완료했기 때문에 더 납입을 할 필요가 없다.

그로부터 15년이 지나 고객이 65세가 되었을 때 목돈이 필요해져서 보험을 해지하고 모든 돈을 찾아야 한다면 총 9,300만 원을 찾을 수 있다. 이미 자녀의 대학 자금으로 찾아간 3,200만 원을 빼고도 약 9,300만 원을 더 찾을 수 있다. 그런데 굳이 해지할 필요도 없다. 별도의 이자를 내지 않고 꺼내 쓸 수 있는 인출 기능이 있기 때문이다. 그렇게 자금을 꺼내서 쓰고 자녀에게 물려주면 다시 자녀가 부모와 똑같은 방식으로 사용할 수 있다. 몇천만 원이 붙은 이자에 대해 전혀 세금을 내지 않고 말이다. 계속해서 비과세에 복리이자까지 모두를 챙길 수 있는 셈이다.

| 25세 남성 사례(종신보험 20년 납, 30만 원) |

가입 금액 4,400만 원, 체증형(추가납입 적용)

고객 나이	총납입보험료	중도인출	해지환급금
45세	7,200	800	8,351
46세	7,200	800	7,762
47세	7,200	800	7,155
48세	7,200	800	6,531
… 65세	7,200	인출 혹은 해지 가능	9,257

(단위 : 만 원)

차라리 모르는 사람한테 가입하라

신규 가입이 무엇보다 중요하다

나는 신규로 보험에 가입하는 고객을 서른 살 이상과 이하로, 가족력이 있는 경우와 없는 경우로 구분한다. 이를 기본으로 두고 이 외 직업과 고객의 개인적인 성향과 생각을 반영하여 설계한다.

엄마들이 자녀가 뱃속에 있을 때 가입하는 태아보험의 중대 쟁점은 우리 자녀가 100세까지 보장을 받는 게 맞는지, 30세까지 보장을 받는 게 맞는지에 대한 고민이다. 물론 정답은 없다. 고객이 보험료를 중요하게 생각한다면 저렴한 30세 만기를 선택할 것이다. 하지만 내 자녀가 살아가는 동안 길게 보장받기를 원한다면 100세 만기를 선택할 것이다.

그것보다 중요한 것은 가족의 병력, 유전력, 부모의 경제력과 상황이지만, 보험의 특성상 30~40년 후 정도면 시대적인 특성을 감안해서 보험 리모델링을 하게 될 가능성이 높으므로 대개는 이를 감안해서 만기를 선택한다.

모든 상황을 고려해서 저렴한 30세 만기로 가입한다 하더라도 자녀가 30세 후에 그 당시 나이를 반영한 보험료를 안내받고는 다시 보험 기간을 연장할 수 있는 상품을 선택한다.

현재 보험회사들 중에서는 고객이 30세 이후 보험의 연장을 원할 때 가입 당시 보장 내용들을 거의 그대로 가져갈 수 있는 회사들도 있기 때문에, 반드시 보험 기간이 연장 가능한 보험회사를 선택하는 것이 중요하다. 특히 자녀가 출생 후 선천적인 질병이나 혹은 후천적이지만 장기적으로 치료가 필요한 질병이나 사고가 생긴다면 연장 기능은 매우 중요해진다.

처음 보험에 신규로 가입하는 고객은 이런 내용을 꼭 알아야 한다. 하지만 대부분 소개를 통해 설계사를 알게 된 경우라면 고객은 잘해줄 거라는 마음에 믿고 맡기게 된다.

만약 자녀의 만기를 100세로 하고 싶은데 경제적으로 부담되지 않는 부모라면 100세를 선택한 후 20~30년 납입을 하는 것이 좋다. 이때는 납입이 끝나고 자녀의 나이가 30~40세가 되었을 때 당시 상황에 맞게 리모델링을 진행하면 된다. 그렇게 된다면 물가상승률에는 못 미치겠지만 자녀보험의 특성상 해지환급금이 꽤 높게 잡힐 수 있는 장점도 있다.

이런 모든 상황들을 진행할 때는 가장 객관적인 소견과 정확한 상담이 동반되어야 한다. 가족이 설계사인 경우는 가족이라서 무조건 제대로 된 설계를 해줄 거라는 믿음이 크다. 하지만 오히려 가족이라서 보험료를 크게 올리거나 보장을 잘 살피지 않는 사례가 많다.

가족이기 때문에 크게 상처받지 않을 거라고 생각하거나 나중에 잘 얘기하면 되겠지 하고 생각한다. 가족 중에 설계사가 있어서 겪는 나름의 피해 사례는 생각보다 많기 때문에 가족, 지인, 선후배, 지인의 소개는 차라리 피하는 게 좋다. 거기다 혹시 한 군데 보험회사만 취급하는 전속 보험설계사라면 비교할 회사조차 없기 때문에 무조건 주관적인 설계로 가입 권유를 하게 될 가능성이 크다.

고객과 제대로 소통하는 보험과, 고객이 제대로 이해하는 보험이 곧 탈 수 있는 보험이 되기 마련이다. 이렇게 가입된 보험은 유지하면서도 답답하거나 신경 쓰이지 않는 편안한 보험이 되기 때문에 해지할 확률 또한 낮아진다. 이 말은 곧 고객이 보험료를 손해 볼 일은 없다는 얘기다.

보험 가입과 관리는 동일한 비중으로

요즘은 가족이나 지인, 선후배를 통해서 설계사를 소개받지 않으려는 고객들이 많아졌다. 오히려 모바일, 블로그, 카페를 통해서 일면식도 없는 설계사에게 상담을 하고 싶어 하는 고객이 늘어났다. 아는 사람에게 소개를 받으면 오히려 편안하게 질문할 수도 없고, 가입 후에 불만이 생겨도 중간에 소개해준 사람과의 관계 때문에 흐지부지 넘어가야 하는 경우가 많다는 것이 모르는 설계사를 찾는 대표적인 이유이다.

고객한테는 보험이 필요한 순간에 제대로 보상을 받는 것이 만족의 가장 큰 조건이다. 하지만 가입 당시부터 소개받은 설계사와의 관계를 걱정하며 제대로 질문하지 못하거나 꼼꼼하게 확인하지 못하는 일이 생기면 보험 가입부터 불만으로 출발하게 된다. 이런 이유로 많은 신규 가입 고객들은 처음부터 여러 회사를 비교할 수 있는 GA 설계사를 찾는다는 이야기를 상담 중에 많이 털어놓았다.

똑똑한 보험이 제대로 된 보상을 받을 수 있다는 고객들의 보험 인식 수준이 높아지면서 고객은 궁금한 점이 많아졌다. 그래서 이것저것 설계사를 통해 질문하는 고객에게 설계사는 가입을 위해 최선을 다한다. 친절한 설명과 여러 가지 비교를 제안하고 고객에게 도움이 되는 말들을 해준다. 고객이 다른 설계사에게 가입하는 것을 막기 위해서라도 정성껏 고객의 질문에 답을 한다.

하지만 막상 가입 후에는 고객이 설계사에게 궁금한 점이 있거나 문의할 일이 생겨도 잘 연락이 안 된다고들 말한다. 처음 상담을 할 때는 그렇게 열심히 찾아오고 전화하더니 가입하고 난 뒤에는 전화도 잘 안 한다고 불편을 털어놓는 고객들이 의외로 많다.

고객은 보험료가 빠져나가는 통장 계좌를 가족 계좌로 바꾸거나 계약자를 변경하는 등 계약 도중에 여러 변수가 생긴다. 보험금을 청구해야 할 상황도 생기고, 설계사에게 다시 한 번 궁금한 부분을 물어보고 상담받을 일이 생기기 마련이다. 그런데 가입 때만큼 설계사의 응대가 신속하거나 정확하지 못하다면 어떨까? 따라서 처음 설계사와 상담할 때 이런 부분을 염두에 두어달라고 말할 필요가 있다. 이미 보험을 유지하고 있는 기존 가입자들에게서 들은 이런 내용의 불만 사항을 피하기 위해 모르는 설계사를 통해서 가입한 것인 만큼 처음부터 제대로 관리받고 싶다는 표현을 하는 것도 좋은 방법이다. 그러면 오히려 설계사는 더 신경을 쓰고 기억하게 된다.

고객은 많은 것을 바라지 않는다. 가입할 때만 열심히 하는 설계사보다는 처음과 끝이 같은 마음의 설계사를 희망한다. 사람의 마음에 감동을 주는 것은 어려운 일이 아니다. 한결같은 마음을 유지하며 맺은 인연을 소중하게 생각하는 것이 고객의 마음에 가닿는 길이다.

솔직한 고객에게는 보상 피해도 없다

나도 과거에는 사람을 쉽게 사귀지 못하는 편이었다. 오로지 아이를 키우고 돈을 버는 것만이 목적이었다. 나의 개인적인 얘기는 누구에게도 하지 않았다. 누군가에게 내 속내를 털어내고 나면 왠지 부끄럽고 자존심이 상하는 일이라고 생각했다.

49세 여성 고객과 상담을 할 때였다. 고객이 여유 있는 시간대에 상담을 원했기 때문에 고객의 직장 근무가 없는 날 자택으로 방문했다. 본인의 보험 상담을 정리하고 남편과 자녀보험에 대한 내용을 얘기하면서 고객은 모든 계약자를 본인으로 해달라고 요청했다. 보험금을 받는 수익자 역시 본인으로 지정해달라고 했다. 당연히 가능한 일이었다. 그렇게 해드릴 수 있다는 말 끝에 고객은 현재 남편과는 재혼이라고 하면서 아직 혼인신고가 되어 있지 않은 사실혼 관계라고 솔직하게 얘기해주었다.

만약 고객이 이런 사실을 말하지 않고 계약자와 보험금을 받는 수익자를 모두 본인으로 하는 계약을 하게 된다면 추후 사실혼 관계라는 이유로 보험금 수령에 문제가 생길 수 있다. 하지만 오히려 솔직하게 말해준 고객 덕분에 가입할 때 필요한 서류를 고객은 제출할 수 있었고 이는 안전하게 보험 가입으로 이어졌다.

53세 남성 고객은 신용불량 상태라 본인은 어떤 보험에도 가입하기 어렵다고 생각했다. 그래도 혹시나 하는 마음에 보험 상담을 요청해왔고 본인이 현재 신용불량 상태라고 솔직하게 밝혀주었다. 하지만 그런 경우라 하더라도 의료실비보험을 보장받는 데는 문제가 없다. 당장 중요한 의료실비보험만 가입할 것을 고객에게 권유했다. 3만 원으로 보험 가입을 한 후 5년이 지나 고객은 연락해왔다. 신용불량 상태가 모두 해결돼서 본인한테 필요한 보험을 추천해달라고 했다.

고객이 당시에 신용불량을 얘기하지 않았다면 의료실비보험 말고도 필요하다고 생각되는 보험을 추가로 제안했을 것이다. 고객한테 맞는 보험만 추천할 수 있었던 것은 고객이 정확하게 본인의 상황을 얘기해준 덕분에 가능했다.

여기 소개한 사례의 고객들은 오히려 자신의 상황을 모르는 설계사라 처음부터 솔직하게 털어놓을 수 있었다고 말했다. 고객들의 이 말은 정말 맞는 말이다. 처음부터 솔직한 고객은 적어도 보상 문제로 피해를 볼 상황은 생기지 않기 때문이다.

고객의 솔직함은 설계사에게도 고객에게 정성을 다해야 한다는 마음과 배려를 해주고 싶다는 마음을 갖게 만든다.

저축과 보장성, 가입 목적을 분명히 하라

저축성 보험과 보장성 보험 제대로 이해하기

보장성 보험은 사람의 생명이나 재산 피해와 관련된 보장을 약속하는 보험상품을 말한다. 소액의 보험료를 많은 사람이 납입하고 피해가 발생한 사람에게 높은 보험금을 지급하게 되어 있다. 이런 특성상 만약에 중도해지를 하게 되거나 만기가 되어서 환급금을 받는다 하더라도 납입보험료를 초과하지 않는다. 보장성 보험에는 암보험, 건강보험이 대표적이다.

반대로 저축성 보험은 목돈 마련이나 노후에 활용할 자금을 목적으로 만기 시 납입한 보험료보다 더 많은 보험금을 받는 것이다. 저축성 보험에는 연금보험이 대표적이다.

보장성 보험은 대부분 만기를 100세로 하여 가입한다. 길어진 수명 때문에 100세라는 말은 이제 전혀 낯설지 않다. 물론 90세, 80세 원하는 만기로 정할 수 있는 상품들도 있다. 그런데 보장성 보험에도 만기환급형과 소멸성으로 다시 나누어진다. 납입한 보험료 전액이나 일부를 돌려받는 것이 만기환급형이고 소멸성은 전혀 돌려받는 금액이 없는 것이다.

만약에 100세 만기환급형으로 가입한다고 하면 고객은 100세 나이에 반드시 생존을 해야 만기환급금을 받을 수 있다. 중간에 사망하게 되면 만기환급금은 받을 수 없다. 보험회사가 계약자에게 보험금을 지급하기 위해 보험료의 일정 부분을 적립시켜놓은 책임준비금 또는 해지환급금 중 높은 금액을 유족에게 지급하는 정도이다. 이런 이유로 100세 만기환급형은 고객이 100세 나이에 돌려받겠다는 약속을 전제로 더 많은 보험료를 내는 것이다.

내 경우는 만기환급형을 고객에게 권유하지 않는다. 만약에 40세 나이에 보험에 가입해서 60세까지 20년을 납입한다고 해도 100세가 되려면 40년이 남는다. 40년 후에 만기환급금을 받으려고 소멸성 보험보다 훨씬 많은 보험료를 낼 필요는 없다.

반면에 소멸성 보험은 100세, 90세, 80세 만기에 돌려받는 만기환급금은 0원이지만 중간에 해지하게 되면 해지환급금이 발생된다. 그러나 보장이 끝나는 만기 때 환급금이 없는 이유로 저렴하게 보험료를 납입할 수 있다는 장점이 있다.

저축성 보험은 사업비로 빠지는 부분이 많지 않은 이유로 대부분 높은 이율로 적립을 한다. 하지만 보험회사의 저축성 보험의 이율도 지금은 많이 낮아졌다. 특히 보험회사가 이익률이 하락하더라도 지급하기로 약속한 최저보증이율이 너무 낮아졌기 때문에 저축성 보험이 고객에게 줄 수 있는 보험금 역시 크지 않다. 이런 이유로 요즘은 최저보증이율이 높은 보장성 보험에 추가납입을 활용한 상품들을 오히려 적립 목적으로 가입하는 고객이 많아졌다.

보장성 보험도 생명보험과 손해보험의 특성을 잘 이해할 필요가 있다. 특히 암보험, 뇌혈관질환, 허혈성심장질환에 대한 중요한 보장들은 현재 대부분 손해보험사가 유리하다. 갈수록 진단율이 높아지는 대장점막내암, 전립선암, 방광암 등에 대해서 보험회사는 소액으로 주려고 보장금액을 줄이고 있는 추세다. 거기다 대장점막내암은 의사의 소견에 따라 C코드인 암, D코드인 종양으로 진단이 다를 수 있다. 이런 경우 C코드, D코드를 모두 동일하게 보장받을 수 있는 보험회사와 그렇지 않은 보험회사가 있다.

이런 내용들을 처음 보험에 가입하는 신규 고객들은 정확히 알아야 한다. 뇌혈관질환과 허혈성심장질환 보장도 역시 손해보험회사에서 최근 경쟁하는 보장 내용에 속한다. 뇌, 심장 관련으로는 보상을 받을 수 있는 최대의 범위이기 때문에 이런 보장들은 손해보험회사에 가입하는 것이 도움이 된다. 반대로 종신토록 암에 대한 보장을 원할 때에는 손해보험회사에는 상품이 없기 때문에 생명보험회사에서 상품을 선택을 해야 한다.

이런 상세하고 중요한 내용은 고객에게 사전에 꼭 알려주어야 한다. 고객에게 처음 신규 가입부터 신뢰를 얻을 수 있는 설계사가 되는 것이 곧 사람 중심의 상담인 것이다.

제대로 적립이 이루어지는지를 인지하라

연금보험의 가입률이 급격하게 떨어졌다. 이유는 설계사의 수당이 너무 적은 편이기도 하지만, 고객이 연금을 받겠다고 요청하면 연금이율이 따로 적용되는 문제 탓이다. 계속해서 이율이 떨어지기 때문에 그럴 때는 최소한을 보증하는 최저보증이율이 적용되지만 연금상품들은 최저보증이율이 1%, 0.5% 정도로 낮은 편에 속한다. 다행히 최근에 단리 5%의 연금보험이 출시되면서 꼭 연금을 목적으로 하는 고객에게는 그 상품을 권유하고 있다.

하지만 종신보험은 분명히 사망보험금이 보장되는 보장성 상품임에도 설계사들은 종신보험을 환급형 보험, 혹은 저축성 보험으로 판매하고 있다. 엄격하게 말해서 종신보험에 '환급형'이라는 말은 맞지 않는다. 일정 시점에 한꺼번에 환급을 받는다는 것은 보험의 보장이 끝나는 만기이지만 종신보험에는 만기가 없기 때문이다. 그래서 목돈을 받고 싶다면 해지를 해야 한다는 결론이다. 저축성 보험 역시 틀린 말이다. 저축성 보험에 비해 종신보험은 사업비가 많이 빠지기 때문이다. 물론 은행에 저축을 하다가 혹시 고객이 사망을 하게 되면 저축해 놓은 금액만 받지만, 보험회사 종신보험은 사망을 하면 납입한 보험료보다 더 많은 금액의 사망보험금을 유족에게 줄 수 있기 때문에 가입 당시부터 위험률이 높아서 사업비가 많이 빠지는 구조의 상품이다.

그럼에도 종신보험에는 여전히 메리트가 남아 있다. 바로 추가납입을 활용하기 때문이다. 보장성 보험의 제일 중요한 목적에 속하는 사망보험금이 필수로 들어 있기 때문에 종신보험은 보험료가 무거운 편이다. 언젠가 한 번은 사망을 한다는 확실한 이유로 꽝이 없는 상품이기도 하다. 그렇기 때문에 대부분 자녀가 어릴 때, 가족을 위해 사망보험금을 남기고 싶을 때 가입을 하는 것이다.

그런데 자녀가 성인이 되어서 더는 사망보험금이 큰 의미가 없을 때가 문제다. 많은 보험료를 납입했기 때문에 해지를 한다고 해도 어느 정도 돌려받을 해지환급금이 있지만 납입보험료 전부를 돌려받을 수는 없다. 보장성 보험은 만기가 된다 하더라도 납입보험료 이상을 돌려받을 수는 없다는 상품의 특성이 분명히 존재한다. 하지만 여기서 추가납입을 활용한다면 충분히 납입보험료 이상보다 높은 보험금을 찾아올 수 있다.

먼저 추가납입을 하지 않는 종신보험일 경우는 20년 납입 기간을 다 채워서 납입이 끝난다 해도 원금 회복은 20년째가 되어야 한다. 보험회사 상품에 따라서는 20년이 지나야 하는 경우도 있다. 그렇다 하더라도 종신보험이지만 최저보증이율이 높은 상품이거나, 3%대 확정금리를 적용해주는 경우라면 원금 회복 기간이 늦는 건 확실하지만 그래도 일정 시간이 지나면 납입보험료보다 커지는 것 또한 확실하다. 그런데 내가 중요하게 생각하는 추가납입까지 하게 된다면 종신보험이 보장성이라는 특징이 조금은 억울할 만큼의 이득을 고객은 얻을 수 있다.

신규로 보험을 가입하는 고객일수록 정확한 목적성에 맞는 상품을 찾는 것이 중요하다. 상품의 정확한 특징을 이해하는 것 역시 중요하기 때문에 고객의 목적 또한 맞아야 함을 기억한다면 고객에게 유리한 방향으로 설계가 가능하다.

INSURANCE

4장

REDESIGN

기존 보험은 점검하여 바로잡는다

보험 재설계가 필요한 시기는 언제일까?

무늬만 보험인 상품은 버려라

"이번 여름에는 꼭 다이어트를 해서 수영복을 입어야지", "빨리 헬스장에 등록해야겠어, 겨울에 몸무게가 너무 늘었어"…….

우리는 이런 얘기를 주변에서 자주 듣고는 한다. 물론 나 역시 그중 한 사람이다. 그런 말을 하는 이들 중에서는 날씬해 보이는 사람도 있다. 너무 궁금해서 날씬해 보이는 직원에게 물었다. "날씬한데 왜 살을 빼려고 해?"라고 물어보는 순간 주변에서도 궁금한 표정으로 그녀의 답을 기다렸다. "본인만 아는 살이 있어요. 그리고 탄력 있고 근력 있는 몸을 만들려고요"라는 대답이 돌아왔다. 그 말에 나를 비롯한 주변 사람들은 모두 이해한다는 표정을 지었다.

보험에도 건강한 보험이 있다. 보험료를 무조건 줄이고 싶은 보험이 여기에 해당한다. 왠지 보험이 많으면 안전하다는 생각에 주변에서 좋다는 보험을 많이 들어둔 경우가 건강하지 않은 보험이다. 그리고 마지막으로 내가 권유하는 건강한 보험은 보험이 주는 가치를 제대로 인지하고 가입하는 보험이다.

산을 좋아하는 고객이 있었다. 그분은 당연히 산에 자주 올랐기에 다칠 확률이 다른 사람보다는 훨씬 높다. 그래서 다칠 때 보상받는 상해보험에 가입했다. 그런데 가입된 상해보험 보장 내역을 보니 사망하면 가족이 받는 사망보험금과 다쳐서 크게 후유장해가 생겼을 때 받는 내용과 골절 시 진단금 10만 원뿐이었다.

어느 날 그 고객이 산에서 내려오다 다리를 다쳤다. 골절이 되어 입원을 했고 수술을 받았다. 그러나 보험사에서 받은 금액은 달랑 10만 원이었다. 고객은 마음이 상했다. 이때가 바로 보험 리모델링을 해야 하는 시기이다. 가장 많은 고객들이 보상에 문제가 생겼을 때 리모델링을 결심한다.

등산을 좋아하는 고객이 비교적 위험도가 낮은 산을 다닌다는 보장은 없다. 오히려 갈수록 난이도가 높은 산을 올라가게 될 확률이 훨씬 높다. 그런 경우라면 보장의 구성 역시 간단한 사고에서부터 큰 사고가 생길 경우까지 폭넓게 설계되어야 한다.

이 고객의 상해보험은 사망이나 큰 후유장해가 아닌 이상 사소한 사고를 보장받기 어려운 내용이었다. 따라서 상해보험에 가입할 때는 혹시 모를 큰 사고에 대비해서 가족에게 상해사망보험금을 주려는 목적인지, 평소 본인에 대한 소소하고 큰 사고에 대한 보험금을 받는 것이 목적인지에 따라 정확한 보장 내용을 알고 가입하는 것이 중요하다.

현장에서 보험증권 분석을 하다 보면 암보험인지 수술비보험인지 의료실비보험인지 정체성이 없는 보험이 너무나 많다. 물론 종합보험이라는 특징이 있긴 하지만, 그렇게 가입된 보험들은 대부분 물과 기름처럼 섞이지 못한다. 일명 무늬만 종합보험인 경우가 많다. 주체가 되는 보험을 정했다면 나머지 부가적인 보험들은 주체되는 보험료의 범위를 넘어서는 안 된다. 주객이 전도되는 보험이야말로 잘못 만들어진 보험이다.

이미 보험에 가입된 고객은 본인의 보험증권을 통해 제대로 본인 보험의 구성 내용을 파악해야 한다. 이런 상담을 받을 때에도 GA보험회사 설계사를 통해 도움을 받는 것이 좋다. 특정 보험회사에 소속된 설계사는 객관적인 분석과 비교를 해주기가 쉽지 않은 것이 사실이다. 본인의 보험을 제대로 이해하고 알아두는 것이 보험을 가입해둔 기존 고객이 가장 먼저 점검해야 할 부분이다.

보상의 범위를 체크하라

암 치료를 받고 있는 40대 여성 고객이 가족들의 보험 리모델링을 요청했다. 본인은 아직도 3년째 치료 중이었기 때문에 가족들 보험만 내용을 점검받고 싶었던 것이다. 남편은 보험을 싫어했기 때문에 의료실비보험만 유지하고 있었다. 자녀들 보험도 많지 않았지만 보상의 범위가 가장 낮은 보장 내용들뿐이었다.

남편의 암보험이 없었기 때문에 암보험과 뇌혈관, 허혈성 보장을 신규로 제안했다. 하지만 여성 고객은 본인이 겪은 암 진단금만 남편 보험으로 가입하고 싶어 했다. 그런데 남편은 고혈압 약을 복용하고 있는 상태였다. 여성 고객은 이미 기존에 가입한 암보험에서 7,000만 원을 보험금으로 수령했기 때문에 암보험의 중요성을 알고 있었다. 그래서인지 뇌혈관, 허혈성 보장은 필요 없다는 생각이었다.

하지만 남편 보험의 리모델링 시기는 남편이 고혈압 약을 복용하기 시작한 순간이라고 말할 수 있다. 고혈압 약은 평생 복용하는 경우가 대부분이다. 따라서 혈관질환으로 연관해서 생길 수 있는 질병들에 대한 보장 내용을 확인하는 것이 필요하기 때문이다.

이런 경우처럼 고객들은 본인이 겪은 질병만을 생각하는 경우가 많다. 하지만 고혈압 약을 복용하고 있는 남편에게 우선순위를 매겨본다면 필요한 것은 오히려 뇌혈관, 허혈성 보장이다. 그래서 그 여성 고객이 남편의 보험료로 생각하는 부분에서 벗어나지 않는 제안서를 만들었다. 다만 암 진단금과 뇌혈관, 허혈성을 나누어서 설계했다. 나의 가족들 사례와 다른 고객들의 사례 그리고 고혈압 약 복용의 질병 연관성을 들은 여성 고객은 나의 제안서를 이해하기 시작했다.

이어진 자녀보험의 리모델링 방향도 전체를 바꿀 수밖에 없었다. 자녀보험의 리모델링 시기 역시 남편이 고혈압 약을 처방받은 시기와 똑같다고 할 수 있다. 고혈압, 당뇨, 고지혈증 같은 혈관질환은 유전력이 많은 경우에 속한다. 결국 남편의 고혈압은 고객의 자녀에게도 연관성이 있다는 얘기가 된다. 오히려 자녀보험에 이런 상황들을 고려해서 가입했다면 리모델링을 하지 않아도 되는 거였다.

하지만 보상의 범위도 너무 작지만 자녀가 보상받을 만한 내용이 거의 없는 상태였다. 3년을 유지해온 고객은 기존 보험을 해지하게 되면 돌려받게 되는 해지환급금이 너무 적다는 것에 불만을 표했다.

납입 기간을 30년으로 가입해둔 계약에서 남은 기간은 무려 27년이다. 그리고 내가 비교해서 제안한 자녀들 보험에는 기존 보험보다 보상 범위는 오히려 충분히 채워진 상태임에도 납입 기간은 20년이었다. 고객은 "해지환급금이 높아지는 시기까지 오히려 유지하는 것은 어떻겠냐?"고 나에게 물어왔다. 가끔 이런 질문을 받고는 한다.

나는 고객 말대로 했을 경우를 설명했다. 70%의 해지환급금이 채워지는 시기가 10년이라고 가정해보자. 앞으로 7년을 더 납입해야 하는 것이다.

그때까지 자녀들의 건강 상태가 지금과 같아야 한다. 또 그 시기에 내가 제안하는 상품이 있을지 없을지 여부를 보장할 수 없다. 그리고 그때까지 유지하려면 앞으로 7년을 더 납입해야만 하는데 7년 후 다시 새로 시작하는 보험으로 가입한다 해도 20년을 더 납입해야 한다. 지금 해지하게 되면 물론 해지환급금은 30%에 그친다. 그렇지만 7년을 더 납입하는 일은 없다.

결국 해지환급금을 올리기 위해서는 생각보다 많은 손해를 봐야 한다는 결론이 나왔다. 거기다 자녀가 보상받을 일이 생길 경우 더 큰 문제가 될 것이다. 만약 자녀에게 생긴 질병이 보상이 안 되는 질병일 경우는 기존 가입한 보험에서 보상도 안 될뿐더러 새로운 보험에 가입하기도 힘든 상황이 된다.

결국 리모델링을 해야 하는 상황이라고 판단되면 그때가 바로 새롭게 보험을 시작해야 하는 시기라는 것이다. 건강, 나이, 직업, 보험료 중 바뀌지 않을 수 있는 확률은 그나마 직업 정도다. 물론 건강도 바뀌지 않을 수 있지만 나이가 들수록 점점 나빠질 확률이 높기 때문에 장담하기는 어렵다.

라이프사이클에 맞게 보험을 재설계하라

나이에 맞는 보장과 보험료 줄이기를 기억하라

산모가 태아를 임신하게 되면 태아보험에 가입한다. 이때 부모는 암 진단금을 과연 설계할 필요가 있는지 궁금해한다. 왠지 암은 자녀가 성인이 되어서 가입해도 늦지 않을 것 같다고 생각하기 때문이다. 하지만 실제로 소아암으로 치료받고 있는 아이들이 있다는 사실 정도는 알고 있기에 암 진단금을 들지 않는 것도 마음에 걸린다. 의외로 5세 미만인 아이들이 백혈병이나 고액암에 걸릴 확률은 높다. 그러나 다행스럽게도 소아암의 생존율은 70~80%로 높다. 그래서 암 진단금을 높게 설정해서 가입했다가 5세 정도가 되면 진단금을 줄이는 감액을 통해서 보험료를 낮추는 것도 좋은 방법이다.

특히 어린 자녀들은 성인에 비해 자주 입원할 일이 생긴다. 자녀를 둔 엄마들 사이에서는 이렇게 자녀가 입원을 했을 때 의료실비보험에서 보장받는 것과 별도로 입원일당 보험에서 추가로 보험금을 받을 수 있는 보험을 선호하는 편이다. 하지만 입원일당 역시 자녀가 초등학교에 입학하기 전, 유치원 입학 전 정도까지만 보장받으면 충분하다. 그래서 입원일당도 자녀의 일정 나이를 선택해 6세, 8세 정도에서 부분적으로 해지하고 보험료를 줄이면 된다.

우리나라 교육은 여전히 주입식에 편중된 편이다. 유치원 아이들도 하루 중 책상 앞에 앉아 있는 시간이 가장 많다. 초등학교에서도 모든 수업을 거의 앉아서 받는다. 게다가 요즘 아이들은 스마트폰이나 게임기, 컴퓨터 등 과도한 전자기기를 사용하므로 좋지 않은 자세에서 오랫동안 앉아 있는 경우가 많다.

이런 영향 때문에 최근에는 어린아이들의 척추에 문제가 생기는 경우가 많아졌다. 추간판탈출증이라 불리는 디스크는 아이들에게 이제 흔하며 목, 허리에 가장 많은 진단을 받는다. 나의 조카도 척추 문제로 어릴 적부터 정형외과에서 도수치료와 물리치료를 많이 받았다. 만기가 20세로 끝나는 의료실비를 리모델링하고 싶지만 이미 보험금 청구가 너무 많이 이력에 남아서 리모델링을 할 수도 없는 상태이다.

병원은 많은 치료를 권유한다. 그 많은 치료를 고객은 충분히 받고 보험금 청구를 하기 때문에 그 보상 이력을 보험회사들이 공유하게 되는 것이다.

이런 이유를 고려해서 자녀들 나이에는 상해후유 3%, 질병후유

3%라는 항목의 보험을 반드시 설계할 필요가 있다. 특히 디스크는 남녀노소를 막론하고 진단되는 연령층이 다양하므로 반드시 필요하다. 게다가 디스크는 완치라는 개념이 없을 정도이기 때문에 갈수록 상태가 심화된다 해도 상태에 맞게 보험금 청구를 할 수 있으므로 매우 유용하다.

성인이 되어 경제활동을 시작하는 20~30대가 되면 반드시 비과세와 확정금리에 관한 재무 상담을 기억해야 한다. 특히 직장인이 아니어서 또는 고정 수입이 없어서라는 이유라면 오히려 고정월급을 받는 직장인보다 더 필요하다는 인식을 가져야 한다.

'연예인'이라는 직업은 고정적이지 않다. 한창 활발히 활동할 때가 있다가도 어느 순간 갑자기 활동이 뜸해지는 대표적인 직업군이다. 이런 이유로 현직에서 잘 나갈 때 요식업이나 다른 사업을 구상하는 연예인들이 많다. 언젠가 활동하지 못할 때를 대비하는 것이다.

일반인 역시 다르지 않다. 오히려 힘든 상황일수록 미래를 위해 적립을 해나가야 한다. "나중에 돈 모으면 적금 들어야지, 저축해야지", "나중에 돈 벌면 준비하지 뭐"라고 하는 사람치고 나중에라도 실천하는 사람은 많지 않다.

30대, 40대, 50대 나이가 되면 보장성 보험에 신경 써야 한다. 특히 암 진단금과 완치되기 전까지 진단금을 1년 혹은 2년 단위로 계속 받을 수 있는 암 진단금을 보장으로 해두는 보완이 필요하다. 그 외 중요한 진단 자금과 수술비를 보강해야 할 나이에 해당된다. 특별한 질병이 없는 상태라면 역시 상해후유 3%, 질병후유 3%를 반드시 체크해야 한다. 가장 경제활동을 많이 하는 시기인 만큼, 가장 빠르게 회복을 하는 데 도움을 받아야 하는 나이에 속한다. 그런데 암이나 중대 질환은 건강한 나이에 진단되면 더 빠르게 안 좋아질 가능성도 있기 때문에 보험의 역할이 많이 중요하다.

새로운 시대에 맞는 보험 재배치가 필요하다

40대 중반 남성 고객이 뇌졸중 진단을 받았다. 물론 의료실비보험은 가입이 되어 있었다. 하지만 직장생활은 6개월 이상 휴직 상태였다. 40대 중반 남성 고객의 보험에는 중대 질환에 대한 진단금과 수술비를 함께 보장받을 수 있게 되어 있었다. 의료실비보험을 제외한 진단금에서 2,000만 원, 수술비에서 1,500만 원을 합쳐서 총 3,500만 원을 보험금으로 받았다. 휴직 중이었지만 고객은 최소한의 생계비를 보장받은 것이다.

고객은 좋은 의료기술로 고통 없는 치료를 받기 원한다. 혹시 의료실비보험이 적용되지 않는 비급여 치료가 이에 해당된다면 진단금과 수술비 3,500만 원이 고객에게 큰 힘이 될 것이다.

30대, 40대, 50대의 경우는 특히 자녀가 어리다면 종신보험, 정기보험의 적절한 가입 역시 중요하다. 자녀의 학자금과 사망을 함께 고려한 설계와, 사망만을 대비하는 설계는 목적이 다르다. 거기에 맞는 상품과 보험료를 찾는 것이 중요하다.

사망만 필요한 고객이라도 나이에 제한 없이 종신토록 보장이 가능한 종신보험과, 내 자녀가 성인이 될 때까지만을 보장받는 정기보험으로 나눠진다.

60~70대 고객의 보험증권에는 과거에 가입해둔 종신보험이 가입된 경우가 많이 있다. 65세 나이에 남편이 없는 상태, 자녀가 모두 출가한 상태에서 고객은 종신보험 한 건에 15만 원이 넘는 보험료를 5년째 납입하고 있었다. 앞으로 10년을 더 내야 하는데 사망보험금 4,000만 원이 차지하는 보험료는 15만 원 중에서 10여만 원이 이에 해당되었다. 이런 경우는 오히려 사망보험금이 필요하지 않다.

그런데 함께 가입된 암, 뇌졸중 등 중대 질환의 진단금마저도 갱신형이다. 이런 경우는 보험을 유지할 목적이 없어진다. 65세에 100세 만기까지 5년마다 보험료를 올려서 낼 수는 없는 일이기 때문이다. 모두 성장해서 출가한 자녀를 위해 사망보험금을 별도로 보험료에 납입한다는 것은 중요하지도 않고, 또 보험료도 너무 큰 부담이다.

이 고객의 경우에는 오히려 본인이 아플 때 자신을 간호해줄 간병

| 65세 여성 사례 |

종신보험 15년 납, 15만 6,380원		➡	20년 납, 20년 만기, 5만 4,000원
주계약	사망보험금 11만 5,000원		–
특약	암 치료(3년 갱신) 중증암(15년 갱신) 항암 치료(3년 갱신) 소액암(15년 갱신) 암 사망(15년 갱신) 뇌출혈(3년 갱신) 급성심근경색(3년 갱신)	➡	암 진단금(20년) 재진담암(20년) 뇌졸중 진단금(20년) 급성심근경색 진단금(20년)
	4만 1,380원		5만 4.000원

인보험과 치매보험을 저렴하게 가입하는 것이 도움이 된다. 진단금 역시 갱신이 되더라도 20년, 30년 갱신형을 가입하는 것이 맞다. 20년이면 85세, 30년이면 95세까지는 보험료 변동이 없다는 얘기가 된다. 그리고 65세 나이에는 진단금 역시 크게 가져갈 필요가 없다. 혈액순환이 느려진 나이인 만큼 질병의 속도도 급격하게 나빠지는 경우는 드물기 때문에 오히려 암으로 비교하자면 암세포가 퍼지지 않고 암 자체로 유지되는 경우가 많다. 내 지인 어머님도 이런 경우에 속해서 정기적인 검진을 받고 있다. 이런 경우에 필요한 것은 1년마다 또는 2년마다 받는 재진단암 보험이다.

70대 어르신들도 경제활동을 많이 하고 있다. 일자리가 부족할 정도이다. 노후가 길어진 100세 시대가 도래한 것이다. 이제는 새로운 시대에 맞는 보험 재배치가 필요해진 세상임에 틀림없다. "보험이 자식보다 효자다"라는 어른들의 말씀에 씁쓸함을 느끼지만, 그만큼 보험은 현대인이 사는 데 중요한 필수 요소가 되었음을 실감한다.

반드시 탈 수 있는 보험으로 설계되어 있는지 확인하라

허울 좋은 CI보험의 함정

보험회사는 타깃으로 정한 상품 위주로 보험설계사에게 상품 교육을 한다. 설계사를 통해서 타깃의 상품을 판매하도록 적극적으로 홍보하는 것이다.

일례로 2018년부터 보험회사들이 열을 올리며 판매했던 치매보험이 그러하다. 많은 보험회사들이 경쟁에서 이기기 위해 치매보험을 출시했고, 각 보험회사마다 설계사들에게 치매 교육을 해주었다. 하지만 뉴스를 통해 치매로 진단받는 과정이 쉽지 않다는 내용이 방영되면서 치매 이슈는 어느새 보험회사의 주요 상품에서 빠지고 있다. 최근부터는 뇌혈관질환, 허혈성심장질환에 대한 보험회사들의 진단금과 수술비 그리고 꾸준히 이어가는 암에 대한 이슈가 화제가 되어가고 있다.

과거에 대면으로 고객을 직접 만나던 설계사들이 가장 많이 판매했던 상품 중 하나는 바로 CI(critical illness insurance) 상품일 것이다. 종신보험과 건강보험의 성격을 모두 갖고 있는 상품이지만 여기에는 함정이 있다. CI 상품은 사망보험금만 주던 종신보험의 다른 형태로 암, 심근경색, 5대 장기이식 수술 등 고액의 치료비가 드는 질병에는 사망보험금의 일부를 먼저 치료비에 쓰게끔 선지급을 받을 수 있도록 했다. 하지만 중대한 암, 중대한 뇌졸중, 중대한 급성심근경색증 등 진단서에 '중대한'이라는 진단명이 반드시 동반되어야 지급을 받을 수 있다.

언뜻 들으면, CI보험이야말로 설계사가 설명하기에는 더없이 좋은 상품이다. 사람은 언제가 될지 모르지만 반드시 사망한다는 측면에서 보면 종신보험은 꽝이 없는 상품이다. 가족이 한 번은 받게 될 내용이기 때문이다. 그런데 사망만 보장받는 내용이 아니라 고객이 염려하는 큰 질병에 대해서도 살아서 보장을 받는다고 설명할 수 있으니 이만큼 좋은 상품이 없는 것이다. 그러나 앞에서 말한 함정, 반드시 '중대한' 질병이어야만 한다는 내용을 정확하게 설명하는 설계사는 거의 없기 때문에 결국 피해는 고객의 몫으로 돌아온다.

실제로 내가 현장에서 고객의 보험증권을 볼 때 CI보험의 가입률은 생각보다 높았다. 물론 실제로 중증의 상태를 진단받은 고객이 큰 보험금을 CI보험에서 수령한 케이스도 있지만, 대부분 민원의 발생이 많은 보험 중 하나도 역시 CI보험이다. 과거에는 암에 대해서도 분쟁의 소지가 많았는데 그래도 현재는 암 진단금은 거의 받을 수 있다. 다만 그중에서도 갑상선암, 피부암 등 몇 가지 관련된 내용들은 아직도 CI보험에서 받기가 힘든 분쟁의 소지가 있다.

기존 보험 가입 고객의 보험 상담을 할 때에는 고객이 기존에 가입한 보험증권을 바탕으로 설명을 드린다. 그때 고객의 반응은 거의 비슷하다. 내가 정확하게 보장 여부를 말해주고 어떤 보장은 받기 어렵다, 가성비가 좋지 않다는 내용을 얘기해주면 "처음 가입할 때는 보장이 된다고 들었다"고 말한다.

마음이 답답해진 고객은 내가 동석한 그 자리에서 콜센터에 전화로 확인을 하고자 한다. 그러나 보험회사 콜센터는 상담원 연결까지 시간이 꽤 오래 걸린다. 또 해당 부서에 연결되기까지 눌러야 하는 번호 횟수도 많다. 때로는 고객이 힘들어하는 그 과정을 내가 옆에서 도와주기도 한다.

고객은 기존에 가입된 증권에서 확인해야 할 중요 부분에 대한 질문을 종이에 적어놓고 순서대로 질문을 한다. 어떤 경우 해당 보험에서 보상을 받을 수 있는지와 어떤 경우 보상에서 제외되는지 구체적으로 묻고 메모를 남긴다. 콜센터의 설명을 자세히 듣고 난 뒤에야 고객은 자신이 가입한 보험약관을 확실히 이해한다.

자신이 오랫동안 보험료를 냈어도, 실제 어떤 암에 진단되면 1억 원을 받고 어떤 암에 진단되면 보상을 받을 수 없는지를 고객은 나중에야 자세히 알게 되는 경우가 비일비재하다. CI보험은 뇌출혈, 뇌경색이 진단되었어도 중대한 뇌출혈, 중대한 뇌경색이 아니라서 보상을 못 받는 경우가 허다하다. 이럴 때를 대비해서 경제적으로 힘든 것을 감수하고 보험료를 납입했는데 말이다.

적어도 진단금을 준비해야 하는 큰 질병들에 대해서는 예외 조항 없이 보장받을 수 있는지를 반드시 확인해야 한다. 이에 대한 확인은 절대적으로 필요하다.

혼자서 끙끙대지 마라

살면서 수술을 하지 않는다면 좋겠지만 요즘은 간단한 용종 제거부터 치질, 하지정맥류, 백내장, 자궁근종, 전립선, 담석, 요로결석, 디스크, 관절, 암, 뇌혈관, 허혈성심장질환 등 생각보다 많은 사람들이 시술이나 수술을 받고 있다. 치료 후에 신체에 영구적인 장해가 남기도 하는데, 이런 육체적 훼손 상태를 증명하는 것이 후유장해이다.

다만 후유장해보험금은 일반적인 의료실비보험이나 진단금, 수술비를 청구하듯 간단하게 청구할 수 있는 것이 아니다. 물론 고객이 직접 청구할 수도 있지만 보험회사를 상대로 개인이 보상을 받기에는 시간이나 절차가 복잡할 수 있다. 복잡한 만큼 좋은 결과를 내기 어렵기 때문에 정확한 %를 인정받기 위한 절차나 방법은 전문가를 통해 받는 것이 가장 효율적이다.

이때가 바로 손해사정사나 보상 전문가의 도움이 필요한 순간이다. 이런 이유로 상해후유 3%, 질병후유 3%라는 보장 내용은 받기 힘들다, 가입하지 않는 게 낫다, 받지 못한다 등의 소문들이 있는 것이다. 심지어 설계사마저도 보장 내용을 이해하지 못하는 경우가 많다.

그러나 보험에 수많은 보험금 청구 사례가 있듯이 보상도 판례 사례가 많아지고 있다. 고객이 직접 청구하기 어렵거나 힘든 경우에는 전문가의 도움을 받는 것이 가장 안전하다. 그리고 제일 중요한 이득은 시간과 노력을 줄일 수 있다는 것이다. 물론 진행 과정에서 수수료는 발생하지만 충분히 부담할 수 있는, 수수료로 인정할 만한 정도의 금액이다.

나는 다른 설계사들이 잘 판매하지 않는 질병후유 3%, 상해후유 3%를 정말 열심히 고객에게 설명한다. 고객에게 반드시 필요한 보장이라고 확신하기 때문이다. 그런데 보험료는 생각보다 저렴하다. 물론 100세 만기는 권유하지 않는다. 너무 보험료가 비싸기 때문이다. 하지만 80세, 90세 만기는 저렴한 편이라, 특히 80세 만기로 많이 권유한다. 하지만 그것을 고객에게 설명하기는 쉽지 않다. 고객을 이해시키기 쉽지 않기 때문에 일반적인 설계사들은 설명을 시도하지 않는다.

하지만 나는 '원스톱 보험 프로세스'를 추구한다. 즉 보험 가입만 함께하는 것이 아니라 보험금 청구까지 함께하는 것이다. 그리고 내가 해주기 힘든 청구는 전문가와 함께할 수 있도록 연결하며 결코 고객의 손을 놓지 않는다.

보험료 다이어트를 할 때 반드시 알아야 할 것이 있다

보험료 감액이 필요한 보장을 찾는다

보험에 가입되지 않은 사람은 많지 않다. 보험료를 지나치게 많이 내고 있는 사람이 오히려 많다. 보험 리모델링 상담을 할 때 가장 많은 고객의 소리는 보험료를 줄이고 싶다는 것이다. '보험료 다이어트'를 콘셉트로 TV나 모바일, 매체를 통한 유혹도 끊임이 없다. 이들은 고객에게 많은 궁금증과 호기심을 불러일으킨다.

"보장은 그대로인데 보험료를 낮출 수 있다는 게 사실이에요?"

이렇게 물어오는 고객이 많다. 그러나 기존에 가입된 보장은 그대로 두고 보험료만 낮추는 것은 불가능하다. 다만 기존에 가입된 보장 내용이 정말 충실하게, 질서 있게 가입되어 있는지는 확인할 필요가 있다. 이때 필요한 것이 보험증권 분석이다.

그런데 여기서 고객은 보험료 다이어트를 귀찮아한다. "증권이 집에 없는데 어떡하죠?", "거기서 제 보험 내역을 알 수는 없나요?" 등의 질문을 해온다.

물론 증권을 보관하고 있는 고객도 있다. 필자에게 이메일, 팩스, 카카오톡을 통해 사진으로 전송해오는 등 경로는 많다. 증권이 집에 없는 경우라도 고객의 보험료가 빠져나가는 보험회사 이름만 알면 해당 보험회사에 전화를 걸어서 증권을 팩스나 우편, 이메일로 받을 수 있는 경로 역시 많다. 그런데 이것마저도 하지 않으려 한다면 보험의 가치를 정말 아무렇게나 인식하고 있는 것이다.

보통 보험을 한 건만 가입한 경우는 거의 없다. 한 건당 평균 보험료가 얼마인지가 다를 뿐 대개는 다수의 보험에 가입되어 있을 것이다. 평균적으로 4인 가족을 기준으로 80만 원의 보험료를 내고 있다고 가정하자. 실제로 이렇게 납입하고 있는 가정이 많이 있다. 그런데 중요한 건 이들 보험 중 의료실비보험은 앞으로 계속 갱신이 돼서 보험료가 계속 오를 것이라는 점이다. 그러니 월 80만 원의 보험료는 갱신 시 증감액을 반영하지 않은 금액임을 명심할 필요가 있다.

월 80만 원씩 20년을 납입하면 1억 9,200만 원이다. 지역에 따라서는 집을 구할 수도 있는 정말 큰돈이다. 이런 큰 보험료가 과연 어떤 목적으로, 어떤 보장을 해주는지조차 정확히 모른다는 건 고객에게도 큰 책임이 있다고 할 수 있다. 나는 이런 경우가 가장 안타깝다.

자녀를 키우는 가정에서 가장 걱정이 되는 건 가장의 부재다. 그래서 대개의 경우 사망보험금을 종신보험으로 가입해둔다. 하지만 자녀가 스무 살 이상 성장하게 되면 사망보험금은 줄이거나 없애는 것이 좋다. 사망보험금은 언젠가는 사망을 한다는 절대적 특성상 보험료 자체도 비싸기 때문에 자녀가 성인이 됐을 때에는 오히려 보험료를 줄이는 것이 부담스럽지 않다. 납입이 끝난 보험이라 해도 마찬가지다. 간혹 납입이 끝난 보험은 무조건 그냥 두는 것이 맞다고 생각하는 고객이 있다. 하지만 그 보험료 역시 고객이 납입을 한 것이다. 보험료 대비 앞으로 보험금 청구 가능성과의 밀접한 연관성과 가치를 판단하는 기준으로 해석해야 한다.

또 하나는 입원일당이다. 요즘은 입원을 오래 하는 경우가 많지 않다. 그런데 입원일당은 너무 비싸다. 과거 입원일당에 제한이 없을 때 너무 많은 손해율이 반영되었기 때문에 입원일당은 현재 가성비가 좋지 않은 상태이다. 그리고 실제로 상급 병실을 이용하게 되는 일수가 가끔 발생할 수는 있지만, 1일당 10만 원은 의료실비에서도 보장이 가능하다. 어린 자녀들과 어르신들의 경우가 아니라면 입원일당은 납입하는 보험료 대비 보상을 받을 가능성이 낮은 편이라 보험료 다이어트를 해야 하는 보장에 해당한다.

그리고 다른 하나는 암 수술비와 암 입원일당이다. 암 역시 입원을 오래 하지 않는 것이 요즘의 추세다. 수술비는 수술을 하게 되면 정액으로 가입된 만큼 받는다. 암 수술을 하지 않고 항암방사선 치료만 할 수도 있다. 이런 이유로 암 수술비와 암 입원일당을 고려하기보다는 차라리 진단금을 더 넣는 것이 훨씬 도움이 된다. 불안함에 이런저런 특약을 넣는 고객의 마음은 이해가 되지만 현실적으로 보험료와 보험금 청구의 상관관계를 이해하는 게 더 중요하다.

만기지급금, 만기환급금에 현혹되지 마라

과거에는 만기환급형으로 만들어진 상품이 많았다. 80세 만기 때 생존하면 납입한 보험료의 전부 또는 일부를 돌려받는다. 지금은 80세 만기 상품을 잘 가입하지 않는다. 당연하다. 평균수명이 길어졌기 때문이다. 그렇다고 100세, 90세에 생존할 수 있다고 장담할 수는 없다.

요즘은 5년마다 3대 중대 질환에 진단이 되지 않으면 환급받는 암보험도 등장했다. 본인이 아프지 않으면 보험료가 제일 아까우니 이런 점을 공략한 상품이다. 하지만 나는 결국 이런 상품들도 고객에게 결코 좋은 상품이라고 생각하지 않는다. 물론 정말 고객에게 도움이 되는 상품들이 한시적으로 판매되는 경우도 있다. 그런 경우를 제외하고는 보험회사의 상품 구조에는 어딘가에 환급금을 명목으로 하는 보험료까지 포함되어 있다고 생각한다.

설계사가 고객에게 말하기 좋고 판매하기 좋은 상품은 보험료의 일부든 아니면 전부든 고객에게 환급이 된다고 말하는 상품이다. 특히 10년마다 갱신되는 상품을 주력으로 판매하는 회사에서는 10년째가 되면 30만 원, 50만 원, 100만 원의 만기지급금이 지급되는 내용을 강조해서 판매하기도 한다. 고객이 10년 동안 납입하게 되는 보험료가 총 500만 원이라고 한다면 10년째에 50만 원을 돌려주는 것이다. 그런데 고객은 돌려받는 금액이 있다는 말에 귀를 기울인다. 100세에 돌려받는 것이 아니라 현실감이 느껴지는 10년 후에 받는다는 말에 솔깃해한다. 이때 보험회사는 보험료 전액을 돌려받는 구조가 아니다 보니 만기환급형이 아닌 만기지급금이라는 표현을 쓴다.

그렇게 10년째가 되면 만기지급금을 받고 다시 보험료가 오른다. 5만 원의 납입보험료가 7만 원, 10만 원 혹은 그 이상이 된다면 만기지급금은 고객에게 보험 갱신을 유도하는 형식적인 내용에 불과하다. 그런데 여기서 중요한 건 보상의 범위도 받을 확률이 낮은 내용이라는 것이다. 나는 최근에 고객의 증권을 분석하다가 10년 갱신형의 상품 구성에 오로지 뇌출혈과 급성심근경색만을 보장하는 데 2만 원의 보험료를 내는 50대 여성 고객의 증권을 보았다. 2만 원만 계산해서 10년을 납입한다고 해도 1년에 24만 원, 10년이면 240만 원이 된다.

물론 뇌출혈 3,000만 원, 급성심근경색 3,000만 원이 보장 내용이었다. 혹시 뇌출혈에 진단이 되는 경우라면 상당히 도움이 되는 내용이다. 하지만 우리나라의 경우 뇌출혈은 10% 전후, 뇌경색은 70% 전후 발생된다. 고객이 뇌경색에 진단이 되었다면 보장이 되지 않는다. 고객은 뇌출혈, 뇌경색이라는 보장 이름 앞에 '뇌'가 붙은 이유로 뇌 관련 질환은 모두가 보장된다고 생각하게 된다.

급성심근경색 역시 마찬가지다. 우리나라의 급성심근경색은 10% 전후이다. 하지만 심장질환으로는 70% 전후에 속하는 협심증 진단이 가장 많다. 만약 협심증 진단이 된다면 급성심근경색은 당연히 보장되지 않는다.

| 53세 여성 예시(10년 갱신형, 만기지급형) |

월 보험료	납입 기간	총 납입 보험료	만기 지급금	63세 예정 갱신보험료	보장 내용
2만 원	10년	240만 원	25만 원	3만 1,000원	뇌출혈 진단금 3,000만 원 급성심근경색 진단금 3,000만 원

※갱신 시 예정 보험료는 다를 수 있음.

⬇

갱신 후

| 63세 여성 |

월 보험료	납입 기간	총 납입 보험료	만기 지급금	73세 예정 갱신보험료	보장 내용
3만 1,000원	10년	372만 원	25만 원	5만 6,000원	상동

※갱신 시 예정 보험료는 다를 수 있음.

| 38세 남성 예시(10년 갱신형, 만기지급형) |

월 보험료	납입 기간	총 납입 보험료	만기 지급금	48세 예정 갱신보험료	보장 내용
1만 8,000원	10년	216만 원	25만 원	5만 9,000원	암 진단금 5,000만 원

※갱신 시 예정 보험료는 다를 수 있음.

⬇

갱신 후

| 48세 남성 |

월 보험료	납입 기간	총 납입 보험료	만기 지급금	58세 예정 갱신보험료	보장 내용
5만 9,000원	10년	708만 원	25만 원	15만 원	상동

※갱신 시 예정 보험료는 다를 수 있음.

이 경우는 효율성이 떨어진다. 거기다 10년 후 2만 원에서 5,000원이든 1만 원이든 더 보험료가 오른다면 오히려 위험률이 높은 나이로

접어들면서도 보상의 범위는 계속 낮은 보험으로 이어가는 것이다. 오로지 10년째가 되면 받을 수 있는 만기지급금이 보험회사의 콘셉트라고 해도 과언이 아닐 만큼 고객에게는 별 도움이 되지 않는 상품이다.

100세 만기환급형으로 자녀보험을 가입한 고객이 있었다. 자녀는 초등학생이다. 87년 후에 자녀는 100세가 된다. 그때 생존을 해야만 환급금을 받을 수 있다. 3,600만 원을 받기 위해 만기환급형의 보험을 가입할 만큼 보장이 충실하다면 어느 정도 위안을 받을 수 있다. 하지만 보상의 범위 역시 제일 낮은 상태였다. 암 종류도 중요 암들이 빠져 있었고, 앞에서 언급한 뇌출혈, 급성심근경색뿐이었다. 보험회사는 환급형이라는 이유로 보장 내용이 좋지 않게 설계되어 있었다. 적립도 보장도 양쪽 모두 충분히 보장되지 않는 상태였다.

자녀가 아플 때 도움이 되라고 가입한 보험에서 막상 자녀가 아플 때 도움이 되어주지 못하는 보험이라면 부모는 화가 날 것이다. 그런데 역시 그 고객은 보상 내용을 이해하지 못하고 있는 상태였다. 해당 설계사는 전화를 받지 않는다고 했다.

고객은 지금이라도 제대로 알아서 다행이라고 했다. 비록 3년간 낸 보험료는 아깝지만 앞으로 계속 내는 보험료가 더 아까울 수 있기 때문이다. 처음부터 제대로 가입된 보험이었다면, 고객이 제대로 인지한 보험이었다면 고객은 손해를 보는 일이 없었을 것이다.

재설계할 때 기존 계약의 장단점을 철저히 따져보라

리모델링을 결정해야 하는 기준은?

"전화하시는 분은 설계사예요?", "어떤 곳에서 전화 주시는 거예요?", "전화하시는 데는 보험회사인가요?"

페이스북이나 SNS, TV 홈쇼핑 방송을 통해 보험 리모델링 상담 신청을 해오는 고객들이 주로 나에게 질문하는 내용들이다.

나는 이런 질문을 하는 고객들의 생각이 궁금했다. 가입해둔 보험에 관해서 정확한 분석을 받고 싶은 마음은 있는데, 고객의 증권 분석을 해줄 사람이 과연 어떤 사람인지를 먼저 확인하고 싶어 이를 궁금해하는 것이기 때문이다. 이분들의 질문에서 나는 보험회사에 대한 불신과 설계사에 대한 불신이 어느 정도는 자리 잡고 있음을 알아챘다.

이는 다시 말해, 보험회사와 설계사가 아닌 전문가를 통해서 증권 분석을 들어보고 싶어 한다는 얘기로 해석된다. '보험회사 설계사를 통해서 다시 상담을 받게 된다면 또 어떤 영업을 내게 해올까?', '정말 객관적으로 내 보험에 대해 분석을 해줄 수 있을까?' 거기까지 고민을 하고 있는 것이다.

이분들은 대체로 이미 기존에 가입해둔 보험이 마음에 들지 않는 데다 담당 설계사까지 연락이 되지 않는 상태였다. 어쩌다 전화를 받은 담당 설계사는 무조건 좋은 보험이라며 유지를 하라고만 한다. 혹시 몰라서 다른 설계사를 통해서 상담을 받았는데, 이들은 거꾸로 무조건 전부 해지해야 한다고 말한다. 이런 이유로 고객은 마음속에 방어벽을 쌓아둔 채 고객 본인이 보험 리모델링 상담을 요청했음에도 상담자의 신분을 확인하고 싶어 하는 것이다.

고객은 본인에 대해 전혀 모르는 전문 설계사를 통해 객관적인 분석을 받고 싶어 한다. 그리고 가입된 보험이 정말 좋은 내용이기를 기대한다. 나도 고객의 증권에서 지금은 가입하고 싶어도 가입할 수 없는 좋은 보장 내용들을 가끔 확인할 때가 있다.

특히 '암 통원비'의 경우가 바로 그렇다. 암이 진단되면 입원이나 수술은 할 수도 있고 안 할 수도 있지만 병원에 다녀오는 통원은 완치 판정이 나기 전까지는 무조건 이어진다. 보통 암의 완치 판정은 5년이 지난 후 받는 경우가 대부분이다. 수술, 입원, 항암방사선치료, 계속적인 검사 등 암을 위한 치료 과정에서 병원에 다녀올 일은 계속 있다고 봐야 한다. 그런데 병원에 다녀올 때마다 5만 원, 10만 원, 300만 원을 받는 고객의 증권도 보았다. 이런 보장 내용들을 확인할 때면 고객의 증권이 부러울 때도 있다. 이런 증권을 만나면 필자는 고객에게 꼭 해지하지 말라고 당부한다.

그럼 보험은 어떨 때 리모델링을 결정해야 한다는 얘기일까? 우선 크게 분류를 하자면, 갱신형과 비갱신형으로 나눠야 한다. 갱신형의 대표 보험은 의료실비보험이다. 갱신의 주기가 1년, 3년, 5년으로 다를 뿐이다. 특히 과거에 가입해둔 3년, 5년 갱신형 보험은 웬만하면 유지를 하는 것이 좋다. 1년 갱신형은 15년마다 약관이 변경될 수 있기 때문에 과거의 의료실비보험을 유지하는 것이 도움이 된다. 하지만 전체 보험의 특성상 의료실비보험까지도 변경해야 하는 경우가 있기 때문에 증권마다 분석의 결과는 달라질 수 있다.

의료실비보험 외에 갱신이 되는 보장 내용이 있다면 반드시 검토가 필요하다. 갱신보험의 장점은 정해진 기간이 3년, 5년, 10년으로 짧은 경우가 대부분이라 보험료가 저렴하다. 하지만 모든 보험이 갱신이라면 문제가 된다. 일정 나이가 되면 보험료 인상이 암보험 같은 경우는 너무 높기 때문에 갱신보험만으로 유지하기에는 저렴하다는 장점이 오히려 나중에는 단점이 되어버린다.

다음 분류로는 '만기'로 나눠야 한다. 80세 만기와 90세, 100세 만기에 대한 고민이다. 실제로 내 친정아버지도 현재 75세인데 의료실비보험이 80세에 만기가 된다. 그런데 최근에 혈압 수치가 높아지셨다. 그동안 다리 인공관절 수술, 전립선 치료, 안과 치료 등 의료실비보험에서 많이 청구했기 때문에 실비에도 이력이 많이 생겨버렸다.

100세로 바꾸는 것은 이미 불가능하기에 어쩔 수 없이 기존 의료실비 보험을 유지할 수밖에 없다.

이렇듯 리모델링의 중요한 사유들은 분명히 있다. 그리고 고객의 기존 보험에 분명한 장점과 단점을 꼭 설명해줘야만 한다. 좋은 보장까지도 리모델링으로 없어지게 된다면 고객의 미래에 도움이 되는 것이 아니라 오히려 민폐가 되고 만다. 그래서 내가 추구하는 사람 중심의 고객과 함께하는 보험에는 설계사의 솔직한 조언이 밑바탕이 된다.

의료실비 청구력이 있다면 이를 보완하는 리모델링이 필요하다

나도 유방과 갑상선 관련으로 1년마다 주기적인 검진을 받고 있다. 특히 유방은 암은 아니지만 사이즈가 커지는 양성종양이라서 맘모톰이라는 시술을 세 번이나 받았다. 처음 유방암 검사를 받던 날 조직검사를 해야 한다는 의사 선생님의 얘기에 깜짝 놀랐다. 조직검사를 하고 난 후 의사 선생님은 악성종양, 즉 암에 대한 모양과 사진을 보여주었다.

의사 선생님과 상담이 끝나고 나는 동생에게 전화를 걸었다. 지하철역에서 동생과 통화하면서 울었던 기억이 아직도 또렷하다. 조직검사 결과를 기다리는 일주일 동안 오로지 불안함과 걱정에 휩싸였다. 일주일 후 검사 결과를 들으러 병원에 갔다. 이름을 부르는 간호사의 음성에 심장이 두근거렸다. 다행히 암은 아니었다.

이렇게 내 경우만으로도 계속적인 검진이 필요한 경우가 생기면 관련된 질병이 걱정이 된다. 그래서 나 자신도 유방, 갑상선 관련 질병 때문에 보험 리모델링을 진행했다.

요즘은 의료실비보험 청구를 하는 고객이 상당히 많아졌다. 건강을 자부하던 고객이 어느 날 고지혈증 약을 처방받았다. 4개월째 약을 복용하던 고객은 보험 리모델링 상담을 신청해왔다.

의료실비 청구력에 대해 질문하는 내게 고객은 “요즘 고지혈증은 누구나 있다고 하던데요”라고 답했다. 의사는 많은 사람들이 고지혈증 약을 복용하고 있으니 걱정할 필요 없다는 의미를 전달했을 수 있다. 하지만 고객은 본인이 복용하는 고지혈증 약이 다른 사람들도 많이 복용하는 보편적인 약이라고 표현하고 싶은 것이다. 불안함을 대중화시키는 전형적인 방식이다.

그러나 고객의 말처럼 누구나 고지혈증을 앓는 것은 아니다. 고혈압이나 당뇨 약과 동반해서 고지혈증 약을 복용하거나 고지혈증 약만 별도로 복용하는 사례가 실제로 늘어나고 있는 것은 사실이나 아직까지 일반적인 케이스는 아니다. 그러나 나에게 상담받는 고객의 통계만 해도 고지혈증이 갈수록 늘어나고 있는 것으로 보아 환자가 늘어나는 추세인 것만은 확실하다.

4개월째 약을 복용하고 있는 고객은 약을 복용하고 있지 않을 때와는 마음이 확연히 다르다. 아프지 않거나 아무런 증상이 없을 때 보험은 그냥 기본적인 보험이지만, 고지혈증 약을 복용하면서부터의 보험은 고객을 지켜야 하는 보험으로 인식한다. 즉 이미 증상이 있는 상태에서 2차적으로 나타나는 질병을 고객은 받아들일 준비가 됐다는 것이다.

고객에게는 심혈관, 뇌혈관질환에 대한 준비가 필요하다고 판단했다. 기존 보험에서 부분적으로 줄일 보장도 역시 확인이 되었다. 뇌출혈, 급성심근경색은 보상의 범위가 가장 작기 때문에 그 부분을 줄이기로 했다. 더불어 불필요한 입원일당 역시 보험료를 차지하는 부분이 크기 때문에 함께 줄였다. 이렇게 불필요한 보험료를 줄이면서 필요한

| 리모델링 사례 |

리모델링 전			리모델링 후		
상품	보험료	주요 보장 내역	상품	보험료	주요 보장 내역
A사 건강보험 80세 만기	5만 2,000원	상해사망, 상해 80% 이상 후유장해 1억 원. 암 진단금(갑상선암 10%) 2,000만 원. 뇌출혈 2,000만 원. 급성심근경색 2,000만 원.	A사 건강보험 100세 만기	3만 7,000원	상해사망 100만 원, 질병 후유 80% 이상 100만 원. 암 진단금 2,000만 원(갑상선암 2,000만 원). 뇌혈관질환 1,000만 원. 허혈성심장질환 1,000만 원.
B사 건강보험 80세 만기	5만 100원	사망보험금 5,000만 원. 질병 수술비 최대 300만 원. 상해 수술비 최대 300만 원.	B사 건강보험 100세 만기	4만 5,000원	질병 수술비 최대 1,100만 원. 상해 수술비 최대 100만 원. 상해후유 3% 최대 1억 원. 뇌혈관질환 수술비 최대 1,000만 원. 허혈성심장질환 수술비 최대 1,000만 원.
합계	10만 2,100원		합계	8만 2,000원	사망보험금 줄이고 갑상선암 진단금 한도 올려서 조정. 각종 수술비 한도 상향 조정. 100세 만기로 만기 조정.

심혈관, 뇌혈관에 대한 보장을 보완했다.

고지혈증의 경우는 6개월, 1년 약 복용 후 정상 소견으로 돌아가는 경우도 있지만 고혈압, 당뇨 약 복용처럼 오랜 시간 약을 복용하게 되는 경우 역시 많다. 그리고 정상 소견으로 돌아왔더라도 다시 재발되는 경우 역시 많기 때문에 음식을 통한 식단 관리도 매우 중요하다.

의료실비보험 청구력이 있는 고객의 보험 리모델링은 더 신중해야 한다. 기존 보험의 장점과 단점을 정확히 짚어내고 필요한 보장의 구성을 만들어야 하기 때문이다. 기존 보험의 장점을 살리면서, 단점을 보완할 수 있는 설계에 무엇보다 집중해야 한다.

평생 관리해줄 설계사에게 상담하라

고객의 문제에 집중하는 설계사는 다르다

유유상종(類類相從)이라는 말이 있다. 생각이나 가치가 비슷한 사람끼리 모여서 친분을 나눈다는 뜻이다. 보험 업계에도 보험사기에 해당하는 사건들이 많이 발생하고 있다. TV를 통해 그런 사례들을 보면 '저게 과연 실화일까?'라는 생각이 들 정도로 도저히 믿을 수 없는 경우가 많다. 사기라는 걸 알면서도 동참하려는 사람들이 있다는 사실에 더욱 놀랄 뿐이다. 이럴 때면 유유상종이라는 말이 저절로 떠오른다.

결국 그런 일들에 대한 결과는 보험료 인상이나 여러 가지 변경, 규제 사항들로 나타나 순수한 고객에게 피해를 준다. 그런가 하면 정반대의 경우도 있다. 설계사가 순수한 고객의 마음을 이용해 보험으로 약관 대출을 받거나 보험료를 편취하는 사례가 그렇다. 설계사 입장에서는 명예롭지 못한 이런 일에 분통이 터진다.

에어컨을 사기 위해 친정어머니와 하이마트에 갔다. 만족스러운 설명이 아닌 데다 불친절한 느낌의 A 직원 때문에 매장을 나오려고 했다. 그런데 다른 B 직원이 달려와 친절하게 "고객님, 제가 안내해드려도 괜찮으실까요?"라고 말했다. 어차피 매장을 빠져나온 상태가 아니었기에 "네, 제가 궁금한 건요……"라며 질문을 했다. B 직원은 A 직원 때문에 화가 나 있는 고객의 의중을 잘 파악했다. B 직원은 본인이 답을 해줄 수 없는 고객의 질문에 당황하지 않고 잠시 기다려줄 것을 정중하게 요청하고는 본인의 상사에게 내용을 확인 후 정확한 답을 해주었다. 섣불리 아는 척하는 대신 솔직하게 기다려달라고 하고 고객이 원하는 답변을 가져왔다. 우리는 B 직원의 고객 만족에 대한 정성과 노력에 사려던 물건을 구매했다.

고객이 원하는 문제점이 무엇인지를 알아내는 것이 설계사가 고객에게 가져야 하는 첫 번째 궁금증이다. 고객은 보험료를 줄이고 싶다. 그런데 설계사는 고객에게 부족한 상품만을 얘기한다면 동상이몽이 되는 것이다. 고객의 가려운 곳을 알지 못하면서 설계사가 원하는 상품에 고객을 맞추려 한다면 그 관계는 오래가지 못한다.

두 번째로, 설계사는 고객의 문제점을 어떻게 풀어가는 것이 좋은지 적절한 방법을 찾아야 한다. 여기서 고객이 원하는 해결점이 전문가 입장에서도 맞다고 판단되면 문제가 없지만, 맞지 않거나 변경이 필요한 경우라면 고객과의 생각을 맞춰나가는 과정이 중요하다.

고객은 암 진단금을 높이기 위해 무조건 갱신형 상품에 가입한다. 비갱신형이 비싸기 때문이다. 이런 경우 설계사는 고객의 의중은 알지만 고객의 생각을 어느 정도는 설득해야 한다. 현재 40세 고객이 갱신형만 가입한다면 60세, 70세, 80세 계속해서 보험료를 끊임없이 납입해야 한다. 따라서 이때 설계사는 고객에게 얼마가 오를지 모르는 보험료에 대해 현실적인 설명을 해주어야 한다. 즉 고객이 기존 보험을 계속 유지했을 경우와 설계사가 제안하는 안정감 있는 보험의 매칭을 비교하는 데이터를 제공하는 것이다.

기존 고객의 갱신보험료를 바탕으로 회사에서 제공하는 미래 인상 예정의 보험료를 함께 계산해서 보여주면 효과가 좋다. 고객은 곧바로 주객이 전도되는 보험의 구조를 눈으로 확인한다. 보장을 위해 나중에는 보장받는 것보다 많은 보험료를 내게 되는 구조가 결국 갱신형이므로 고객은 다시 생각할 기회를 갖게 된다. 물론 보험료가 저렴할 시기에만 유지를 할 계획이라면 얘기는 달라진다.

고객의 문제점을 해결하는 과정에서 고객과 의견이 다를 수 있다. 하지만 내가 원하는 사람 중심 보험설계에는 고객과 함께하는 플랜만이 존재한다. 물론 설계사는 이를 위해 복잡한 설계 과정과 번거롭고 힘든 공부를 해야 하고 또 그렇게 나온 결과를 고객에게 이해시키기 위해서는 설득의 과정을 거쳐야 한다. 이 모든 과정이 쉽지 않은 것은 사실이다. 하지만 설계사는 이런 일련의 과정을 통해 성장을 거듭하는 것 역시 사실이다.

기존 보험 가입자라면 보험을 추가하는 것도, 리모델링하는 것도,

바꾸는 것도 쉽지 않은 일이다. 고객은 납입하는 보험료에 설계사에 대한 신뢰와 믿음을 함께 내고 있는 셈이다. 따라서 설계사는 고객의 손을 끝까지 잡고 함께 가야 할 이유가 이미 충분하다는 사실을 잊지 말아야 한다.

질문하게 만드는 설계사가 고객에게 유리하다

거의 모든 학생에게 공부가 어려운 것처럼 거의 모든 고객에게 보험은 어렵다. 고객이 보험을 귀찮아하는 이유도 역시 보험이 어렵기 때문이다. 나도 그런 의미에서 고객에게 최대한 쉽게 설명하려고 노력한다. 그래서 나의 실제 사례나, 고객의 실제 사례를 통해 재미있고 생생하게 전달한다. 실제 있었던 일만큼 진정성 있는 얘기도 없으니 말이다.

그렇게 대화를 나누다 보면 고객은 무언가 기억이 난다며 "맞아요! 근데 저, 궁금한 게 있어요!" 같은 반응을 보이기도 한다. 그렇게 대화를 나누다 보면 고객은 심리적으로 편안함을 느끼게 된다. 보험이 조금 더 쉽게 느껴지면 고객은 본인 보험의 문제점도 꺼내놓는다.

고객은 처음부터 본인 보험에 대한 얘기를 적극적으로 하려고 하지 않는다. 보험에 문제점이 있다는 것을 알아도 드러내고 싶어 하지 않는다. 하지만 문제점을 해결하고 싶은 마음은 있다. 이럴 때 고객이 편안하게 받아들이고 이해하게끔 도와주는 것이 사람 중심의 설계사다.

아마도 고객이 보험 리모델링을 귀찮다고 생각하게 되는 이유 중

하나는 모르는 사람에게 이런 과정들을 전달하는 게 쉽지 않기 때문일 것이다. 아니, 좀 더 정확하게 말하면 싫을 수밖에 없다.

중학교 2학년 자녀를 둔 40세 여성 고객과 상담을 할 때였다. 딸아이를 둔 평범한 학부형이었다. 보험 얘기에 앞서 나의 딸아이가 사춘기를 보냈을 당시를 먼저 얘기했다.

"고객님 따님은 사춘기 아니에요?"라고 먼저 묻자 고객은 "왜 아니겠어요? 방문을 닫고 나오지 않는 데다 핸드폰을 손에서 놓지 않아서 제가 정말 너무 답답해요"라며 표정으로도, 말로도 답답한 심경을 털어놓았다. 고객과 나는 딸아이를 한 명 키우는 입장이었다. 딸아이가 어린 시절 수술했던 이야기, 중고등학교를 거치면서 공부 시켰던 이야기를 나누는 동안 고객과 나는 어느새 한결 편안한 대화를 나눌 수 있는 사이가 되어 있었다.

내가 펼쳐놓은 이야기 속에서 고객은 궁금한 게 많아졌고 많은 질문을 해왔다. 사적인 딸아이의 얘기에서부터 보험에 이르기까지 고객과 편안하게 대화를 이어갈 수 있었다.

기존 보험 계약자와 상담을 하게 되면 처음부터 많은 말을 하고 싶어 하지 않는 경우가 많다. 그런 고객에게 설계사가 딱딱한 보험 설명을 꺼내며 일방적인 질문만을 하거나 추가적인 계약에만 급급하다면 고객은 그런 설계사의 마음을 부담스럽게 느끼기 마련이다. 진심어린 대화는 자연스러움 속에서 나온다. 여유를 갖고 시간을 들이는 공이 필요하다.

나 자신의 이야기와 가족들의 실제 사례를 고객에게 들려줄 때마다 고객들은 나의 눈빛을 바라보곤 한다. 이번 고객도 안타까운 눈빛을 내게 보내왔다. 그렇게 고객은 마음의 문을 서서히 열었다. 마음이 편안해진 고객은 비로소 그동안 궁금했던 질문들을 쏟아내기 시작했다. 믿을 수 있는 설계사를 기다린 것처럼 말이다. 일회성이 아닌 오랜 시간 함께할 설계사를 찾았다는 안도감이 전해져왔다. 내가 주장하는 사람 중심의 관리를 받을 수 있다는 확신을 하게 된 듯했다. 그 확신이야말로 내가 고객에게 주고 싶은 바로 그 마음이었다.

어린이보험 재설계, 반드시 보장 내용을 비교하라

어린이보험과 성인보험으로 나누어 비교하라

나는 S생명에 딸아이의 보험을 30세 만기로 가입해두었다. 현재는 리모델링을 통해 정리를 했지만, 과거에는 30세 또는 20세 만기로 끝나는 전형적인 어린이보험이 많이 있었다. 내 조카들도 20세 만기로 끝나는 의료실비보험을 아직까지 유지 중이다. 큰조카는 열네 살 중학생이지만 정형외과에서 받는 도수치료와 많은 보험금 청구로 아직까지 리모델링을 할 수 없는 상황이다.

만기가 짧을 때 겪는 단점 중 하나는 바로 보험금 청구로 인해 생기는 제재 사항이다. 새로운 보험을 100세, 90세, 80세로 가입하고 싶다고 고객이 원해도 보험금 청구 이력이 남아 있는 경우라면 쉽게 가입할 수 없는 일이 많이 생긴다.

요즘 어린이보험은 대부분 자녀가 뱃속에 있을 때나 출생 후에 가입하는 것이 일반적이다. 만기는 30세 만기, 100세 만기 두 가지 경우를 놓고 가입하는 비율이 높다. 보험료 차이가 크기 때문에 경제적으로 저렴한 보험료를 생각한다면 30세 만기를 선택한다. 하지만 30세 만기로 선택할 경우에는 반드시 고려해야 할 사항이 있다.

30세 이후에 고객이 당시의 보험료로 만기를 연장해서 보장을 받을 수 있는 형태인지가 중요하다. 보험회사마다 차이가 있기 때문에 30세 만기로 끝나면 더 이상 만기를 연장할 수 없는 상품도 있다. 거기다 보장 내용들도 어떤 회사는 대부분 그대로 보장 내용을 이어갈 수 있지만 반대로 그렇지 않은 보험회사도 있기 때문에 당장의 보험료만 생각하기보다는 추후 자녀의 성인 시기를 함께 고려하는 설계가 도움이 된다.

만약에 자녀가 길게 치료를 해야 하는 질병이 생기는 경우라면 성인이 되어서도 의료실비보험을 포함한 보장들은 필요할 것이다. 그런데 30세에 만기가 연장되지 못하고 끝난다면 이미 생겨버린 질병으로 인해 다른 보험, 특히 의료실비 보험에 가입하기가 어려울 수 있기 때문이다. 그래서 이런 경우는 반드시 30세 만기 후에도 연장이 가능한 보험회사와 상품을 비교해서 가입을 권유한다.

또 하나 중요한 것은 어린이보험에는 성인이 되어서 높아질 가능성의 모든 보장 내용을 가입할 수 있기 때문에 오히려 성인이어서 가입 한도가 축소된 내용들도 어린이보험이라서 더 저렴하게 더 많은 보장금액을 가입할 수 있다는 점이다. 물론 어린 나이에는 질병에 대한 확률이 낮기 때문이기도 하지만 결국 자녀도 성인이 되기 때문에 이왕이면 저렴하고 보상의 범위가 넓은 보장들에 가입해두는 것은 매우 중요하다.

예를 들면 나의 딸아이도 작년에서야 가입할 수 있었던 질병후유 3%라는 보장 내용은 성인들은 가입할 수 있는 보험회사도 많지 않지만 한도 역시 3,000만 원 전후이다. 하지만 어린이보험에 가입하게 되면 나이별로 차이는 있지만 5,000만 원에서 7,000만 원 전후로 가입할 수 있게 된다. 특히 기존에 가입된 자녀보험이 생명보험에 가입이 된 경우에는 보상의 범위가 작은 경우가 많다. 뇌혈관질환, 허혈성심장질환이라는 대표적인 보장 내용은 생명보험에서는 가입하기가 거의 어렵지만, 아직까지 손해보험에서는 가입하기가 쉬운 편이다. 암 진단금 역시 생명보험보다는 손해보험의 보상 범위가 더 넓은 경우가 많으므로 어린이보험의 경우는 특히 많은 비교가 필요하다.

어린이보험 가입 나이 30세를 찾아라

간혹 "한 군데 보험회사에 모든 보장을 넣고 가입할 수 있는 곳은 없나요?"라고 물어오는 고객이 있다. 물론 그렇게 가능한 경우도 생기지만 그렇지 않은 경우도 생긴다. 여러 회사를 비교해서 해당 회사에서 유리한 보장들을 찾다 보면 때로는 두 군데, 세 군데 회사로 나뉘는 경우도 생긴다. 그렇다고 보험료가 커지는 것도 아닌데 고객은 굳이

한 군데 회사로 몰아서 가입하고 싶어 한다.

이는 단순히 생각의 편리에 편안함을 느끼기 때문이라고 생각한다. 똑같은 10만 원의 보험료라도 한 회사에 10만 원을 내는 것과 두 군데 보험회사로 나누어 6만 원, 4만 원 내는 것이 좀 더 복잡하다고 느끼는 것이다. 통장에 두 군데 자동이체 기록이 남는 것뿐인데, 고객들은 의외로 이런 이유에서 편리함을 찾곤 한다.

보험을 분산하는 이유에 대해 상담하다 보면 이 부분을 이해하는 고객도 있지만 그렇지 않은 고객도 많다. 단순하게 10만 원으로 자녀보험을 완성시킨다는 생각을 갖고 싶어 하는 것이다. '나뉜다'는 개념 자체를 싫어한다는 이야기다. 하지만 이런 식으로 나누는 것은 설계사에게 득이 되지 않는다. 보험회사들이 설계사에게 주는 '시책' 방식이 있기 때문에 4만 원의 보험료는 설계사에게 아무런 도움이 되지 않는 것이다(시책은 5만 원, 10만 원 단위로 책정된다). 그런데도 이렇게 나누는 이유는 고객을 위한, 보장을 위한 사람 중심의 설계가 되기 때문이다.

어린이보험에 가입할 수 있는 연령을 30세까지로 폭넓게 정한 보험회사들이 있다. 30세는 나이로만 보면 성인이다. 하지만 몇몇 보험회사에서는 30세까지를 어린이보험에 가입할 수 있게 만들었다. 이런 경우 유리한 점은 암 진단금의 면책기간인 90일의 기한을 무시할 수 있다는 것이다.

통상적으로 암 진단금은 보험에 가입하고 90일이 지나야 보장개시일이 시작된다. 그러나 어린이보험에 가입하면 가입 즉시 보장을 개시해주기도 한다. 성인보험의 경우 암보험은 특별한 상품이 아닌 한 무조건 90일이 지나야 50% 보장이 시작된다. 그리고 1년이 지나야 100%, 혹은 2년까지도 기간이 지나야 100%를 주는 보험회사들도 있다.

어린이보험은 다른 보장들 역시 대부분 즉시 보장을 개시해준다. 어린이도 아닌 30세 어른이 어린이보험에 가입하는 이유는 이런 여러 가지 유리한 혜택을 보기 위해서다. 특히 성인들의 리모델링인 경우에는 새로 가입하는 보험의 보장 개시일 때문에 기존 보험을 당분간 함께 유지해야 하는 특성이 생기지만, 어린이보험에서는 이런 보장 개시일을 염두에 둘 필요가 없으므로 상품을 고르는 고객에게 시간적으로 도움이 된다. 이때 시간적인 도움이란 곧바로 경제적인 도움으로 직결된다.

나는 기존 어린이보험을 리모델링할 경우, 특히 나이가 30세 미만이라면 거의 30세까지 가입할 수 있는 어린이보험을 제안한다. 성인보험, 어린이보험으로 나눌 이유는 없지만, 그래도 보험회사는 어린이보험이라는 항목을 만들어두었다. 더 저렴하게 더 좋은 보장을, 즉시 보장되는 조건으로 가입하는 것이 고객에게는 안전하고 든든한 리모델링이 되므로 선택하지 않을 이유가 없다.

실제로 어린이보험에 가입한 30세 여성이 가입 후 한 달 만에 유방암 진단으로 수술을 받았다. 어린이보험이 아니었다면 90일이 지나지 않았다는 이유로 암 진단금 5,000만 원을 받지 못했을 것이다. 리모델링 당시 왜 30세인 본인의 나이에 어린이보험이냐고 상품 이름에 웃었던 고객이었다. 하지만 결국 고객은 보험으로 큰 도움을 받았다.

가입 나이와 보장 내용, 보상의 범위를 최대한 유리한 회사로 찾아내는 비교는 반드시 필요하다. 과거에는 어린이보험의 의미를 나이에 두고 보장을 소소하게 나누었다면, 현재는 성인보험의 전부를 어린이보험으로도 가입할 수 있다는 의미다. 그러면서 더 넓은 보장을 저렴하게 찾을 수 있기 때문에 최대한 나이를 활용하는 것이 좋은 방법이다.

종신보험은 확정금리와 추가납입 가능 여부를 체크하라

추가납입 없는 적립은 시작도 하지 마라

어느 날 한 직원이 내게 "9988234라는 말을 아세요?"라고 물어왔다. 금시초문이었기에 그 뜻이 무엇이냐고 물었다. 직원의 대답은 절묘했다.

"99세까지 팔팔하게 살다가 2~3일 정도 아프고 사망하는 것이 가장 좋다는 표현이에요."

지금의 100세 세상을 숫자로 풍자한 말이었다. 우리나라는 실제로 고령화사회를 넘어 고령사회로 진입했다. 총인구 중 65세 이상의 인구 비율이 7% 이상이면 고령화사회, 14%가 넘으면 고령사회, 20%가 넘으면 초고령사회라 부른다. 우리나라는 2017년 고령사회에 이미 진입했고 현재 전 세계에서 고령화가 말 그대로 매우 빠르게 진행되고 있는 국가가 되고 있다.

실제 밖을 돌아다니다 보면 어르신들이 눈에 띄게 많이 보인다. 특히 낮 시간대 지하철 안에는 어르신들을 많이 만날 수 있다. 최근에 내 부모님도 4호선 지하철을 타고 오이도를 다녀오신 적이 있다. 지하철 요금은 전혀 내지 않고 말이다. 더운 여름에는 시원한 에어컨 바람에, 추운 겨울에는 따뜻한 히터 바람에 어르신들은 지하철을 편안하게 이용하고 있다.

하지만 이마저도 제대로 누리지 못하는 어르신도 많다. 리어카에 폐지를 가득 담아 힘겹게 밀고 가는 어르신을 어느 동네서도 많이 마주치는 현실은, 빈곤 노인층의 고단한 하루를 깨닫게 한다. 노후는 너무 길어졌고 일자리는 턱없이 부족하다. 이런 현실에 노후를 위해 준비하지 않는다면 재앙이라는 표현이 크게 틀리지 않을 수 있다.

노후에 대한 걱정은 거의 모든 연령층에서 공통된 고민이다. 국민연금으로는 부족하다는 인식이 널리 퍼진 탓도 있지만, 길어진 평균수명에 필요한 생활 자금이 턱없이 부족한 것도 실질적으로 부딪치는 현실이다. 이 때문에 많은 사람들은 적립금을 생각한다.

그러나 살아가는 데 반드시 필요한 돈에 대해서 가장 중요한 것은 생각이 아니라 실천이다. 생각만 하는 사이에도 시간은 하염없이 흘러가기 때문이다. 그러나 여전히 생각에만 머물러 있는 고객이 너무 많다.

보험회사 상품이 생애 필요한 목적 자금을 만드는 데 걸림돌이 되는 유일한 점은 시간이 오래 걸린다는 점이다. 하지만 이 단점만 제외한다면, 보험회사의 상품이야말로 확정금리, 추가납입, 복리이자, 비과세 모두를 얻을 수 있다는 점에서 장점이 가득하다.

다만 오로지 노후를 위해 연금으로 사용할 상품을 선택할지 중도에 필요할 때 인출 기능이 있는 상품을 선택할지 힘든 시기에 보험료를 잠시 멈출 수 있는 기능이 있는 상품을 선택할지는 각자 자신의 상황에 맞게 택해야 한다. 목적이 명확해야 고객도 큰 목적 자금을 만들 수 있기 때문이다.

금리는 계속해서 하락하고 있지만 아직도 확정금리를 적용해주는 보험회사 상품은 있다. 하지만 확정금리만으로는 목적 자금을 만들기에 더디다. 나는 목적 자금을 위한 통장을 '일할 수 있는 통장'이라고 부른다. 그때그때 추가납입을 통해서 반드시 고객이 원하는 목적 자금을 훌륭하게 만들어낼 수 있는 통장이기 때문이다.

추가납입보험료는 사업비가 거의 빠지지 않는 형태로 고객에게는 많이 유리하지만 보험회사에는 도움이 되지 않는 내용이다. 그래서 현재는 추가납입 한도가 계속 줄어들고 있지만 아직도 추가납입 한도를 높여주는 일부 상품이 있으므로 고객들은 주의 깊게 살펴볼 필요가 있다. 주의할 점은 반드시 추가납입보험료를 처음부터 함께 납입해야 한다는 것이다. 50만 원을 목적 자금으로 만들기로 생각했다면 25만 원이 기본적인 납입보험료가 된다. 그리고 나머지 절반 25만 원은 추가납입보험료가 된다. 구조를 이렇게 나눠야 한다는 사실이 가장 중요하다.

보통의 설계사들은 고객에게 50만 원의 계약을 체결하고 싶은 마음에 기본적인 납입보험료를 50만 원으로 계약하려고 한다. 그리고 고객이 나중에 여유 있을 때 추가납입 50만 원을 더 넣으면 좋다라는 말과 함께 지나쳐버리고 만다. 추가납입보험료는 설계사 수당에 반영되지 않고 기본적인 납입보험료만 수당으로 인정되기 때문이다.

결국 고객은 50만 원을 매달 똑같이 보험료로 납입하지만 처음부터 추가납입 없이 시작한 50만 원과, 추가납입 포함하고 시작한 50만 원의 차이는 고객의 목적 자금에 큰 차이를 보이게 된다. 시간에 투자하는 안정적인 목적 자금 만들기에 확정금리와 추가납입은 곧 답이 될 수 있다.

종신보험에는 확정금리와 추가납입을 기억하라

요즘은 연금의 최저보증이율이 낮기 때문에 최저보증이율이 높거나 확정금리가 높은 종신보험에 가입하는 것이 적립의 추세다. 단, 반드시 추가납입을 함께했을 경우만 가입하는 것이 좋다. 그런데 무조건 연금으로 받길 원하는 고객이라면 단리 5%의 연금 전용 상품이 훨씬 큰 도움이 된다.

종신보험은 사망을 평생 보장한다는 특성으로 인해 사업비가 차감되는 부분이 있기 때문에 적용이율이 너무 떨어지게 되면 고객이 적립으로 받아갈 수 있는 금액이 그다지 크지 않다. 하지만 금리가 아무리 떨어져도 확정으로 3%, 2.85%, 2.75%를 적용해준다면 얘기는 달라진다. 거기에 추가납입이 함께 시간의 힘으로 적용된다면 생각보다 많은 적립액을 모을 수 있다.

한번은 대구에 있는 고객으로부터 지인을 소개받았다. 소개받은 고객은 50대 남성으로 현장에서 배관 업무를 하는 분이었다. 5~6년 전 보험회사 저축에서 모아둔 적립액과 은행 저축을 합쳐서 앞으로 10년 정도 납입할 적립 상품을 찾고 있었다. 기존 보험회사 저축은 최저 보증이율이 1%로 낮은 편이었다. 은행 역시 큰 기대를 하지 않고 저축을 넣어둔 상태였다.

나는 확정금리가 적용된 종신보험에 추가납입을 했을 경우의 포트폴리오를 제안했다. 그리고 기존에 유지하던 보험회사 저축으로 추가납입과 선납을 제안했다. '선납'이란 보험회사에 6개월이나 1년치 보험료를 미리 납입하는 것이다. 큰 할인은 아니지만 그래도 선납을 하게 되면 보험료 할인 효과가 있기 때문에 고객에게는 유리하다.

꼼꼼한 고객은 생각을 해보겠다고 했다. 며칠 후 대구 고객과 통화를 했다. 나의 제안대로 가입을 하겠다는 것이다. 나는 KTX를 타고 대구로 내려갔다. 지방으로 상담을 하러 갈 때에는 거의 차량을 이용했지만, 가끔 운전을 하고 싶지 않을 때가 있다. 모처럼 KTX를 타고 가는 대구 일정은 여유를 느낄 수 있는 여행의 느낌이었다.

그렇게 대구에서 고객의 사인을 받고 다시 서울로 올라왔다. 선 출금 후 심사로 진행이 되는 과정이었다. 보험회사는 먼저 고객의 통장에서 보험료를 출금한다. 그리고 심사를 진행한 후 승인이 되면 보험증권을 발행한다. 혹여 거절이 되는 경우는 보험료를 그대로 고객의 통장으로 반환해준다. 심사는 잘 통과되었고 고객은 보험증권도 잘 받았다고 했다. 이제 남은 절차는 추가납입이었다. 고객에게 추가납입에 대한 설명을 충분히 했지만 고객은 늘 현장 일에 바빴다. 그리고 폴더폰을 사용할 만큼 고객은 복잡한 걸 싫어했다 그래서 콜센터에 전화하는 것 자체를 귀찮아하고 있었다.

나는 고객과 통화를 시도했다. 대답은 알겠다고 했지만 영 개운하지 않았다. 그 길로 바로 KTX를 타고 대구로 내려갔다. 갑작스러운 일정에 좌석이 없어 입석으로 갈 수밖에 없었다. 그렇게 갑자기 서울에서 옆 동네 오듯 대구로 내려온 나를 고객은 신기한 듯 바라봤다. 다행히 현장 일을 하는 고객이라 오후 5시면 퇴근을 했다. 퇴근 후 고객의 전화기로 콜센터에 전화를 걸었다. 그리고 추가납입을 진행했다. 다시 서울로 돌아오기 위해 동대구역에서 표를 끊고 기다리는데 고객에게서 전화가 왔다.

"밥도 한 끼 못 먹고 올라가서 어떻게 해요? 왔다 가느라 고생했는데 조심해서 올라가요."

무뚝뚝한 성격의 경상도 고객이었지만 이렇게 전화로 감사한 표현을 해주는 게 무척 고마웠다. 드디어 내 마음이 가벼워지기 시작했다. 당시 내가 대구로 내려가지 않았다면 그 고객은 분명히 바쁘다는 이유로 그렇게 시간을 흘려보내고 있었을 것이다. 하지만 추가납입은 내가 처음부터 고객에게 약속했던 가장 큰 적립의 이유였다. 그 약속을 지켰기에 나는 마음이 마냥 편안했다. 다행히 서울로 올라오는 길엔 좌석이 있어서 다시 여유롭게 여행의 기분을 느낄 수 있었다.

베스트 리모델링 사례를 참고하라

리모델링 대상자와 비대상자 모두 똑같은 고객이다

사람은 누구에게나 자신만의 고유한 이름이 있다. 보험에도 질병과 상해라는 이름으로 붙는 코드명이 있다. 가장 흔하고 큰 질병인 암은 C코드가 붙는다. C73이 갑상선암 코드다. 진단율이 늘어나면서부터 갑상선암은 2008년을 전후로 이미 소액암, 유사암이라는 각 보험회사별 명칭하에 적은 금액의 진단금에 포함되었다.

늘어나는 암 치료의 고객 숫자만큼 의료실비보험금 청구 고객도 갈수록 늘어나고 있다. 물론 "나는 한 번도 보험을 탄 적이 없다. 그래서 보험료가 아깝다"는 고객도 있지만 이미 보험회사별 의료실비보험 청구는 너무 많은 것이 현실이다. 내가 앞장에서도 언급했듯이 의료실비보험을 청구한 고객은 보험회사들이 보험금 청구 이력을 알 수 있다. 따라서 기존에 범위가 작은 구성의 보험을 범위가 큰 구성으로 바꾸려고 해도 의료실비 청구 이력이 있다면 바꿀 수 없는 경우가 많다. 거기다 고객의 건강 상태가 최초 의료실비보험에 가입할 때와 달라져서 치료를 받은 이력이 생겼거나 현재 약을 복용하는 경우라면 더더욱 어렵다.

2016년 당시, 초등학교 1학년의 딸아이를 키우는 40대 여성 고객은 갑상선암 치료 중이었다. 남편은 보험을 좋아하지 않지만 아내의 암 치료가 2년째 접어들면서 경제적인 걱정을 하고 있었다. 여성 고객은 갑상선암이 100% 일반암으로 보장 가능했던 시기에 보험에 가입했던 터라 암보험에서 진단금 3,000만 원과, 갑상선암이 소액암으로 축소되면서 추가로 가입해둔 암 진단금에서 600만 원을 합쳐서 총 3,600만 원을 보험금으로 받았다. 그런데 더 심각한 문제가 발생했다.

고객에게 C77코드의 상세불명 이차암이라는 추가진단이 나왔던 것이다. 그런데 보험회사는 C77을 지급하지 못한다고 했다. 아직 치료 기간이 얼마나 걸릴지도 모르는 상황이었는데 말이다.

"암 진단금 3,600만 원이 별거 아니더라고요, 처음에는 큰돈이라는 생각에 가입해두길 잘했다고 생각했는데 암에 좋다는 민간요법도 알아보게 되고 공기 좋은 곳으로 이사를 갈까도 생각해봤는데 경제적으로 만만치가 않아요. 아이도 아직 어린데……."

여성 고객은 어느새 눈물을 보였다. 이런 이유로 여성 고객은 혹시 본인이 잘못될 가능성을 염두에 둔 듯 남편의 암보험과 자녀보험을 점검받고 싶어 했다.

나는 남편과 자녀의 보험보다는 보험회사가 지급하지 못하는 C77 코드의 암에 대한 부분이 마음에 걸렸다. 이럴 때 필요한 자문은 역시 손해사정사의 도움이었다. 물론 나는 40대 여성 고객의 요청대로 남편 보험과 자녀의 보험만 점검하면 그만이다. 게다가 남편은 암보험도 없는 상황이었고 암 진단금에 가입하고 싶다는 여성 고객의 의견도 있었기 때문에 설계사인 내 입장에서는 쉽게 계약을 할 수 있었다. 하지만 나는 사람 중심의 상담을 하는 설계사다. 지금 40대 여성 고객의 아픔과 고통을 온전히 나눌 수는 없지만, 적어도 보험금으로는 도움을 주고 싶었다. 결과가 어떻게 될지 모르지만, 나의 오지랖이 시작된 것이다.

먼저 여성 고객에게 남편과 자녀의 보험보다 본인의 추가 진단에 관한 보험금 청구를 먼저 진행해보자는 의견을 냈다. 의아한 표정이었지만, 당사자인 자신보다 오히려 적극적인 나를 고객은 고마워했다. 이 고객은 애초에 나를 찾았을 때 남편과 자녀보험의 리모델링을 의뢰하여 만나게 된 고객이었다. 본인 보험이 아니라 처음부터 남편과 자녀가 대상자였기 때문에 정작 본인에 대해서는 전혀 생각하고 있지 않았다.

빠르게 손해사정사에게 고객의 내용을 전달했다. 그리고 손해사정사는 고객을 만나 정확한 상황 파악을 했고 해당 건을 진행했다. 그 결과, 고객은 보험회사로부터 2,400만 원의 보험금을 추가적으로 지급받을 수 있었다. 고객은 너무 놀라워했고 정말 고마워했다. 내 손을 잡고 한동안 놓지 않은 채 눈물만을 보였다. 나에게는 리모델링 대상자와 비대상자 모두 사람 중심의 상담이 필요한 고객일 뿐이다.

결혼 계획이 없는 25세 남성 고객의 꿈 리모델링하기

내 주변에는 50대 미혼들이 꽤 있다. 요즘은 남성들도 결혼에 대한 생각이 많이 달라졌다. 꼭 결혼이라는 틀에 매여 있을 필요가 없다고 생각하는 사람이 많은 것이다. 자신이 좋아하는 일을 하며 좋은 사람들과 행복을 추구하는 인생에 더 큰 의미를 두는 경우도 많다. 이런 추세는 젊은 층에도 영향을 주어 젊은이들 중에도 싱글 라이프를 꿈꾸는 이들을 자주 만난다.

3년 전 겨울, 25세 남성 고객을 만났다. 이 고객은 자신이 아직 젊고 어리지만 본인 인생에 결혼은 절대 없을 것이라고 확실히 밝혔다. 그리고 40세가 되면 중식당의 사장이 되는 것을 목표로 삼고 있다고 했다. 고객은 고등학교를 졸업하자마자 바로 중식당 아르바이트를 시작해서 일을 배웠고, 그 즈음에는 드디어 한 식당에 정착해 주방장으로 일하고 있다고 했다.

어리지만 당차고 정확한 꿈이 있는 고객은 "한 시간 동안의 상담에서 설계사님께 가입을 해야겠다는 생각이 들지 않으면 저를 설득하실 생각은 하지 마세요"라고 말해서 나를 당황하게 만들었다. 그간 이와 비슷하게 이야기를 했던 고객은 있었지만, 이렇게까지 확실하게 선을

긋고 말하는 고객은 없었던 것이다. 하지만 나이가 너무 젊은 고객이 본인의 생각을 정확하게 어필하는 모습이 매우 인상 깊었을 뿐 기분이 나쁘지는 않았다. 오히려 긴장감에 정신이 번쩍 들었다.

나에게 주어진 시간은 한 시간. 나는 곧장 질문으로 들어갔다.

"40세가 되면 중식당을 오픈하실 거라고 하셨는데 자금은 얼마를 생각하고 있으신가요?"

내 질문에 고객은 본인이 현재 거주하고 있는 인천에서 자리를 잡을 계획이라 2억 원 정도를 생각한다고 했다. 시간이 날 때면 부동산에 가서 매물이 나온 걸 물어보기도 하고 시세를 알아본다고 했다. 미리부터 이렇게 하는 이유는 부동산 사장님들과 인맥을 쌓는 일에 더해, 더 중요하게는 정말 급매물로 좋은 물건이 나왔을 때 정보를 모르면 기회를 놓칠 수 있기 때문이라고 했다.

현재 25세 남성 고객이 40세가 되는 데는 15년의 시간이 남아 있었다. 고객의 중대 재무 설계는 2억 원의 자금 마련이었다. 내 머릿속에 떠오르는 몇 군데 회사의 장점을 설명했다. 보험회사별로 적용되는 적립이율이 계속 낮아지고 있는 상황이라 적립이율이 계속 낮아지는 회사를 선택하면 2억 원의 자금 마련에 차질이 생길 수밖에 없었기 때문에 확정금리를 적용해주는 회사를 소개해주었다. 그리고 반드시 추가납입을 할 수 있는 상품이어야만 한다고 설명했다. 제일 중요한 추가납입 한도가 최대한 높아야만 한다. 하지만 추가납입 배수가 다른 회사보다 높다고 하더라도 사업비가 많이 차감될 수도 있기 때문에 회사마다 제안서를 확인시켜주었다.

고객은 사업비를 비교하는 필자의 상담에서 신뢰를 느끼는 듯했다. 고객이 생각하는 자금을 만들기 위한 예상 보험료를 산출해서 15년 안에 목표가 도달되는 안정적인 보험회사를 함께 찾았다. 그리고 고객은 나와 함께 의논한 보험회사를 선택해서 청약서에 사인했다.

고객은 건강을 위해서 그리고 경제적인 지출을 막기 위해서 담배도 피우지 않는다고 했다. 고등학생 때 잠깐 피웠던 담배를 졸업하면서 끊었다는 얘기도 들려주었다. 보험 가입 후 보험회사를 통해 담배를 피우지 않는 건강체 할인을 신청했다. 간단한 피검사, 소변검사 정도를 진행하는데 이상이 없는 경우는 약 5%가 보험료에서 매달 할인되는 내용이었다. 고객은 검진에서 정상 소견이었다. 이것이 통과되면 납입 기간 10년 동안 무려 400만 원 가까이 할인을 받는 셈이다. 그런데 이 금액을 적립으로 대체할 수도 있었다. 적립을 하게 되면 고객의 이득은 더욱 커진다.

고객은 할인 효과를 적립으로 선택했다. 그리고 가입 후에도 정성스럽게 관리해주는 나에게 "처음 상담 때 제가 좀 까칠하게 굴어서 죄송했습니다"라고 말하면서 웃었다. 그때 처음으로 고객의 웃는 얼굴을 보았다. 그렇게 말해주는 고객이 나는 오히려 고마웠다. 사람 중심으로 일을 해나가는 나의 방향성에 다시 한 번 뿌듯함을 느꼈다.

INSURANCE

부록

REDESIGN

알아두면 유용한 보험 상식

각 보험회사에서 좋은 상품 찾는 법

의료실비, 질병 및 상해 3% 후유장해, 암 진단금, 뇌혈관질환과 허혈성심장질환 진단금, 수술비, 입원비 등의 보장 내용들은 보험상품을 가입할 때 중요한 상품들이다.

❶ 의료실비보험

고객이 필요해서 가입하는 국민보험이라 일컫는다. 보험회사 입장에서는 손실이 많은 상품이다. 그런 이유로 의료실비는 계속 갱신되기 때문에 향후 미래에 보험료 인상을 예측하기 어렵다. 보험료가 너무 비싸지면 아무리 좋은 국민보험이라 하더라도 유지하지 못할 가능성도 있다.

각 보험회사별로 보험료에 차이는 있지만 보장 내용은 동일하다. 다만 생명보험은 통원비 20만 원과 약제비 10만 원, 손해보험은 통원비 25만 원과 약제비 5만 원으로 내용이 조금 다르다. 실제로 만성질환자들은 매월 꾸준히 먹는 약제비용에 무게가 실리지만 그렇지 않은 경우는 오히려 외래비용을 조금이라도 더 지급받는 손해보험이 유리하다. 장점과 단점을 잘 이해하고 선택하는 것이 중요하다.

❷ 질병 및 상해 3% 후유장해

암보험, 뇌혈관 및 허혈성 진단금 보험을 따로 가입하는 이유는 진단율이 높기 때문이다. 암, 뇌, 심장 중에 한 가지만 진단이 되는 경우라 하더라도 수술할 확률이 높다. 수술을 못 하게 된다면 역시 더 심각한 상태라고 말할 수 있다. 3%부터 후유장해를 진단받는 것은 의사 소견이라 경미한 상태부터 충분히 진단이 가능하기 때문에 비갱신으로 최소 80세 만기를 준비해야 한다. 보상받을 때도 전문가들의 도움으로 전혀 어렵지 않게 충분히 보상받을 수 있다.

생명보험회사에는 없는 보장 내용으로 현재는 손해보험회사 몇 군데만 가입할 수 있다. 대부분 수술 후 6개월이 지나면 의사의 진단서를 통해 받을 수 있다. 3%부터 보장받는 내용이 가장 중요하다. 80% 이상이 아니라 3%부터 80% 미만, 3%부터 100% 미만의 보장을 반드시 찾아야 한다. 특히 자녀들 보험에는 7,000만 원까지 가입 가능한 손해보험사도 있다. 한두 군데로 회사를 나누어서 가입하면 중복 보장이 된다.

❸ 암 진단금

진단율과 사망률 모두 1위라고 봐야 할 정도로 위험률이 높다. 오히려 젊은 나이에 진단이 되면 암세포도 활발하기 때문에 60세 전에는 오히려 한꺼번에 목돈으로 받을 수 있는 진단금이 좋다. 60세 이후에는 한꺼번에 받는 진단금보다는 암세포가 큰 변화 없이 유지되는 경우도 있기 때문에 1년마다 재진단금을 받을 수 있거나 생활비를 받는 것이 더 도움이 된다.

암보험은 쉽게 말해 암 종류의 범위가 많은 곳을 찾는 것이 가장 중요하다. 식생활과 환경 때문에 과거에는 없던 신종 암들이 많이 생기는 이유로 보험회사들은 진단율이 높아지는 암을 유사암 또는 소액암으로 분류해서 적게 보험금을 지급하려고 한다. 또 점점 그런 암의 종류를 늘려나갈 것이다. 대장암, 유방암, 자궁암, 전립선암, 방광암 등이 이런 암에 속한다.

특히 대장점막내암은 암의 악성코드인 C코드와, 종양의 코드인 D코드로 나뉠 때가 많다. C, D코드 상관하지 않고 모두 일반암으로 지급하는 회사에 가입하는 것이 유리하다. 역시 생명보험사보다는 손해보험사 상품 중에서 찾을 수 있다.

❹ 뇌혈관질환, 허혈성심장질환 진단금

'암' 다음으로 위험률이 높은 뇌와 심장질환의 대표적인 질병이다. 뇌혈관질환 진단금, 허혈성심장질환 진단금이라는 보장이 가입되어 있어야 뇌와 심장에서는 모든 보상이 가능하다. 그런데 보통 뇌출혈과 급성심근경색만 보장되어 있는 경우가 많이 있다. 그리고 뇌졸중 보장이 있다고 하더라도 뇌와 관련된 보장은 모두 해당되는 것이 아니기 때문에 뇌혈관, 허혈성심장질환이라는 보장으로 가입을 해야만 한다.

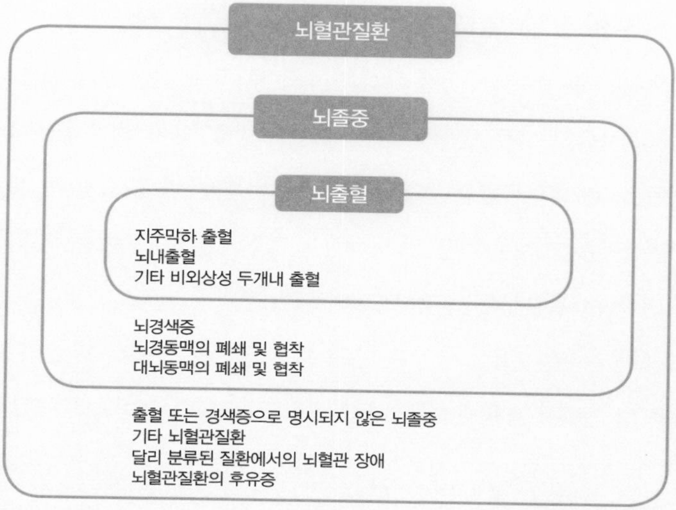

※ 뇌출혈의 진단율은 10% 전후, 뇌졸중의 진단율은 70% 전후, 뇌혈관질환은 100%의 범위다.

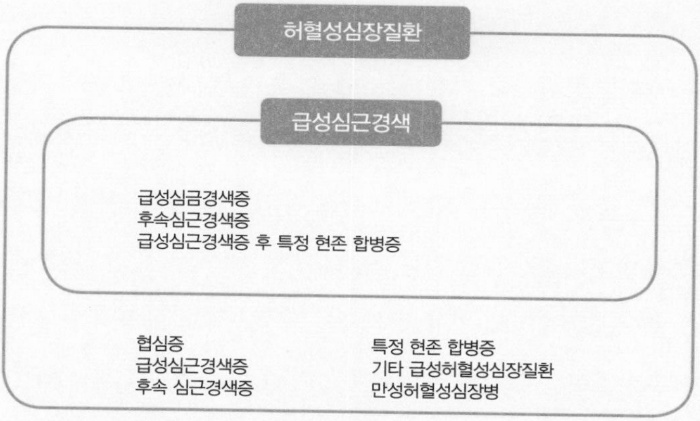

※ 급성심근경색의 진단율은 10% 전후, 협심증의 진단율은 70% 전후, 허혈성심장질환은 100% 범위다.

⑤ 수술비

개복수술을 하던 시대가 아니기 때문에 각종 신종 시술이 많아졌다. 당일 시술과 짧은 입원을 통해 수술을 받을 일이 많아졌기 때문에 정액으로 횟수마다 받는 수술비를 꼭 준비해둘 필요가 있다. 오히려 고혈압, 당뇨, 고지혈증 등 만성적인 질병이 있는 경우에는 더욱 수술비에 대한 준비를 해두는 것이 도움이 된다.

수술이란 말이 낯설지 않을 만큼 수술 인구는 늘어나고 있다. 건강검진을 받으면서 용종을 떼어내는 경우도 수술비를 받을 수 있다. 치질, 백내장, 디스크, 하지정맥류, 요로결석 등 흔한 질병으로 당일 시술 혹은 짧은 입원을 통해서 수술을 받는 사례가 많아졌다. 생명보험회사의 수술비 보장은 범위와 보상 내용 모두 작아진 반면 손해보험회사는 범위도 늘어나고 있고 보상 내용도 좋아지고 있어서 손해보험사 상품을 알아보는 것이 도움이 된다.

단, 생명보험회사의 수술비는 임신, 출산 관련도 보장이 가능해서 제왕절개로 수술하면 수술비에서 보장이 가능하다. 그런데 손해보험회사는 임신, 출산 관련은 수술비에서 보장되지 않는다. 치질 수술도 생명보험회사는 가능하지만 손해보험회사는 보상하지 않는다. 하지만 최근에는 손해보험회사도 치핵이라는 이름으로 담보 설정이 가능한 곳이 있다. 그런 경우는 치질도 수술비를 보장받을 수 있다. 최근 일부 손해보험사에서는 생명보험의 수술비 약관을 똑같이 가입할 수 있는 상품도 나와서 눈길을 끌고 있다.

❻ 입원비

어린아이들을 제외하고는 가입 권유를 하지 않는다. 요즘은 큰 질병이라 하더라도 입원을 오래 하는 경우가 거의 없다. 가성비가 좋지 않기 때문에 입원비에 연연할 필요가 없다. 그리고 혹시 상급실(1인실, 2인실, 3인실)에 입원할 일이 생기더라도 의료실비에서 하루에 10만 원까지는 보장이 가능하다.

개인사업자, 법인사업자의 절세법

개인사업자와 법인사업자의 큰 차이는 세금 부담액이라고 할 수 있다. 개인사업자는 6~42% 구간이지만, 법인사업자는 10~20% 구간으로 세율에서 큰 차이를 보이고 있다.

개인사업자가 법인으로 전환하게 되면 건강보험료와 세금이 함께 줄어들게 된다. 특히 소득세 부담이 많이 줄어든다. 개인적인 자산은 건강보험료 산정에 포함되지 않기 때문에 개인사업자는 지역가입자로 소득 외에 부동산이나 차량 등의 점수가 더해지게 된다. 반면 법인사업자의 경우는 대표자라고 해서 직장가입자가 되기 때문에 대표자 월급여로만 산정된다.

하지만 모든 개인사업자가 법인으로 전환할 수 있는 것은 아니다. 미용실이나 병원 등 일부 업종은 법인 전환이 쉽지 않다는 아쉬운 점도 있다.

개인사업자는 함께 실제로 사업을 운영할 공동대표를 통해서 소득구간을 나눠 내는 것도 절세에 해당된다. 특히 가족과 함께 일하면서 소득신고를 해서 비용 처리를 하지 않고 현금으로 지급하는 것은 오히려 종합소득세를 낼 때 더 큰 비용으로 지출될 수 있기 때문에 직원으로 등록하고 4대보험 가입 후에 급여를 지급해서 비용 처리하는 것이 도움이 된다.

법인사업자는 보험회사의 경영인정기보험을 통해서 손금 처리를 받는 것이 2018년 8월의 대법원 판례로 인해 조금 더 유리해졌다.

경영인정기보험은 보험료를 경비로 인정받을 수 있기 때문에 가지급금 정리 및 자산으로서의 효용가치에 크게 도움이 되고 있다. 법인자금으로 개인의 보장 보험료를 지출하지만 만약의 경우에는 유족연금으로도 활용이 가능하다는 장점이 있다.

| 경영인정기보험 세금 절감 예시 |

법인세는 순이익 2억 원 이상이면 22%, 순이익 2억 원 이하이면 11%를 부담해야 한다. 그런데 경영인정기보험에 가입하면 보험 납입금을 전액 비용으로 처리할 수 있어 세금이 줄어든다.
예를 들어 연간 순이익이 2억 2,000만 원인 경우 월납 300만 원 경영인정기보험에 가입하면 연간 납입금 3,600만 원을 비용으로 처리하므로 차액인 1억 8,400만 원에 대해서만 법인세를 납부하면 된다.

구분	내용	세금
경영인정기보험 비용 미처리 시	순이익 220,000,000원	220,000,000원×22% =48,400,000원
경영인정기보험 비용 처리 시	보험료 3,000,000원×12개월 =36,000,000원 (비용 처리) ⬇ 순이익 220,000,000원 − 보험료 36,000,000원 순이익 184,000,000원	184,000,000원×11% =20,240,000원
세금 절감액		28,160,000원

※단, 경영인정기보험의 상품구조 특성상 전문가와 협의를 통해 가입이 필요함.

내게 맞는 보험설계사 선택하는 법

어려울 수 있는 내용의 보험을 최대한 쉽게 설명하려고 애쓰는 설계사는 그만큼 고객을 위해 노력하는 것이다. 고객과의 상담 분위기를 밝게 하려고 애쓰는 설계사는 그만큼 고객에게 맞는 설계를 하기 위해 고객을 파악하려고 노력하는 것이다.

고객이 보상받을 상황이 생긴다면 보험설계사가 보험금을 주는 것이 아니다. 보험설계사가 가입할 때 보여주는 '설계'대로 보상을 받는다. '설계'를 중요하게 생각하는 설계사만이 정말 고객을 위한 설계사라는 사실을 명심해야 한다. 이런 이유로 보험설계사가 가족, 지인, 선후배라면 오히려 믿고 맡길 수 있다는 생각을 버려야 한다.

고객이 보험금을 받을 보상의 순간을 상상하며 고객에게 정말 필요한 보험만을 유지할 수 있게 애쓰는 설계사는 일방적인 설명보다는 고객을 이해시키는 설명을 하려고 노력한다. 고객이 함께 보험설계에 참여하게 만들 수 있도록 고객과 많은 대화를 하려고 노력한다.

고객의 경제적인 수준을 고려해서 많은 보험회사 상품을 비교하고 가성비 좋은 보험상품을 고객에게 맞춤으로 선물하는 설계를 할 줄 아는 설계사는 그 노력과 흔적이 보이기 마련이다.

알아두면 유용한 보험 용어

- 추가납입

연금보험이나 종신보험에 적립을 목적으로 기본적으로 납입하는 보험료 외에 추가적으로 납입할 수 있는 보험료를 뜻한다. 사업비가 거의 차감되지 않기 때문에 고객한테 많이 유리한 내용이다.

- 최저보증이율

보험회사 적용이율이 계속해서 떨어지고 있기 때문에 가입 당시부터 유지하는 동안 아무리 이율이 떨어져도 최저보증이율만큼은 보증을 해주는 이율을 의미한다.

- 확정금리

처음부터 끝까지 3%, 2.9%, 2.8% 이런 식으로 상향도 되지 않고 하향도 되지 않는 확정 상태의 금리를 의미한다.

- 갱신형

짧게는 1년, 3년, 5년, 10년, 20년 단위로 보험료가 상승되는 보험료를 의미한다. 보험료가 저렴한 장점이 있지만 보험 나이가 올라갈수록 고객에게는 위험률 반영까지 상승되고 계속 갱신을 통해서 납입을 해야 하는 단점이 있다.

• 비갱신형

20년, 30년 정해둔 기간만 보험료를 납입하면 되는 장점이 있다. 그러나 중간에 보험료가 올라가지 않는 고정의 보험료라서 갱신형 보험료보다는 비싸다는 단점이 있다.

• 만기환급형

납입이 끝나는 시기가 아니라 보험의 기간이 종료되는 만기에 일부 또는 전부를 돌려받는 형태이다. 100세 만기면 100세 때 생존해 있어야 받을 수 있고 환급형이라는 특성 때문에 보험료가 비싸지만, 중간에 해지해도 해지환급률은 높은 편이다.

• 무해지환급형

20년, 30년 납입 기간 안에 해지를 하면 해지환급금이 전혀 없다는 단점이 있다. 하지만 그런 이유로 오히려 처음 초기 가입 때 보험료를 저렴하게 가입할 수 있는 장점도 있다. 그리고 납입 기간만 끝나면 오히려 해지환급률이 높아지는 장점도 있다.

• 면책 기간

보험금을 지급하지 않는 기간이다. 암보험은 가입 후 90일 안에 암 진단이 되면 면책 기간에 속하기 때문에 보장받지 못한다. 치아보험도 가입 후 90일 안에 임플란트를 하려면 면책 기간에 속하므로 보장받지 못한다.

• 감액 기간

보험금을 일부만 지급받을 수 있는 기간이다. 치아보험의 경우 90일 초과 후 면책 기간이 지나고 1년 미만인 경우 50%가 지급이 되는데 이때를 감액 기간이라고 한다. 암보험도 90일 초과 후 면책 기간이 지나면 1년 미만 혹은 2년 미만(보험회사 차이)인 경우 50%가 지급이 된다.

• 보장 개시일

면책 기간 이후에 보장이 시작되는 날이다. 암보험의 경우 면책 기간 90일이 지나면 50% 보장 개시가 된다. 1년 또는 2년이 지나면 100% 보장 개시가 된다.

지금 내 보험,
100세 시대에도 괜찮을까?

조용한 사무실에서 마우스를 클릭할 때마다 딸깍거리는 소리마저도 업무에 방해로 느껴질 때가 있다. 주변 사람들에게 에티켓을 지킬 수 있는 무소음 블루투스 마우스를 사용한다면 조용한 공간에서 소음 없이도 사용할 수 있을 텐데 하는 아쉬움이 그때마다 마음에서 피어오른다. 우리나라 IT 업계는 생활 속에서도 이렇게 발전하고 있으니, 그 세심함과 섬세함에 고개가 숙여질 때가 많다.

최근 신선한 충격을 받은 광고가 있다. 스타일러를 소개하는 광고인데, 광고카피가 "매일 씻어 입자"였다. 매일 빨 수 없는 옷, 씻어 입자고 선전하는 광고 문구는 내게 그대로 와서 꽂혔다. 매일 빨 수도 없고, 매일 다릴 수도 없는 옷이지만 매일 살균이 가능하다면 얼마나 안심이 될까? 고객에게 다가가는 상품이란 어떠해야 하고 제품의 아이디어는 어떻게 얻어야 하는지를 간접으로 느낄 수 있는 광고였다.

이처럼 일상에서의 생활은 갈수록 편안해지고 있다. 자고 일어나면 매일 새로운 것이 생겨난다고 해도 과언이 아닐 지경이다. 특히 의료기술의 발달로 고치지 못하는 '불치병'보다는 고치기 어려운 '난치병'들이 많아지고 있다. 더 이상 암은 무서운 질병만은 아닌 것이다.

하지만 경제적인 문제는 여전히 숙제로 남아 있다. 이런 문제를 해결하고 싶은 마음에 사람들은 보험에 가입한다. 그런데 문제는 주변의 환경과 가족, 경제력, 유전적 소견, 직업적인 부분까지 세심하고 꼼꼼하게 가늠해서 가입하지 않는다는 점이다. 세심하게 설계한 보험이 얼마나 중요한지 제대로 모르기에 십중팔구 탈 수 없는 보험이 되거나 타기 어려운 보험에 가입하는 사람이 의외로 많다. 자연히 나중에는 원망하는 시간과 어려움을 맞이할 시간만 남게 된다.

유병장수라는 말이 어울리는 100세 시대가 되었다. 보험은 어떻게 설계되어 있는지에 따라서 보상 결과가 달라진다. 고객의 상황에 맞는 보험을 만드는 데 딱히 필요한 기술은 없다. 보험에 가입하는 고객도 설계하는 설계사도 보험의 가치는 '사람'이라는 것을 기억하는 것이 가장 중요하다. 자신과 가족을 지키는 보험을 만드는 데 가장 중요한 것은 보험에 관심을 갖는 것이다. 관심으로 만들어진 보험은 결국 길어진 평균수명을 살아가는 데 소중한 것들을 지킬 수 있다.

자신과 가족의 현명한 보험만이 길어진 100세를 지킬 수 있다. 당연히 보험에 가입하고 점검하는 시간을 절대 아끼지 말아야 한다. 보험은 이제 선택이 아닌 필수다.

북큐레이션 • 재테크를 공부하고 싶어 하는 직장인에게 도움이 될 만한 라온북의 책

기존의 공식이 통하지 않는 급변의 시대,
『당신의 보험을 바로잡아드립니다』와 함께 읽으면 좋은 책!

난생처음 토지 투자

이라희 지음 | 18,000원

대한민국 제1호 '토지 투자 에이전트',
1,000% 수익률을 달성한
토지 투자 전문가 이라희 소장의 땅테크 노하우

초저금리 시대, 땅테크가 최고의 재테크 수단으로 떠오르고 있는 지금, 전국민이 '1인 1토지'를 가져 재테크에 성공할 수 있도록 누구나 쉽게 실천할 수 있는 실전 노하우를 담았다. 재테크를 전혀 해보지 않은 초보자도 이해할 수 있도록 개발 지역 확인하는 법을 알려주고, 초보자가 꼭 봐야 할 토지 투자 관련 사이트, 용지지역 확인하는 법 등 실질적인 노하우를 공개한다. 나의 자금대에 맞는 토지 투자법, 3~5년 안에 3~5배 수익을 내는 법 등 쉽고 안전한 토지 투자 방법을 담아내 누구나 '1,000만 원으로 시작해 100억 부자'가 될 수 있다.

난생처음 10배 경매

임경민 지음 | 18,000원

가장 빠르고 확실하게 부자 되는 방법
안전하고 확실한 '10배 경매 6단계 매직 사이클'
과장된 무용담이 아닌 100% 리얼 성공 사례 수록!

경매가 무엇인지 개념 정리부터 경매의 6단계 사이클을 토대로 경매물건 보는 법, 10초 만에 권리분석하는 법 등 경매 고수가 알아야 할 기술을 알려준다. 특히 실제로 경매를 통해 수익을 올린 사례를 실투자금, 예상 수익, 등기부등본과 함께 실어서 경매가 얼마나 확실하고 안전한 수익을 올릴 수 있는지 증명했다. 경매는 결코 어렵고 위험한 것이 아니다. 큰돈이 있어야만 할 수 있는 것도 아니다. 투자금액의 몇 배를, 빠른 기간에 회수할 수 있는 훌륭한 재테크 수단이다. 경매는 부자로 태어나지 못한 사람이 부자가 되는 가장 빠르고 확실한 방법이다.

난생처음 주식 투자

이재웅 지음 | 13,800원

'판단력'만 있으면 주식 투자 절대 실패하지 않는다!
차트보다 정확한 기업 분석으로 적금처럼 쌓이는 주식 투자법!

쪽박에 쪽박을 거듭하던 저자가 전문 주식 투자자가 되기까지! 저자가 터득한 가장 효과적인 공부법과 이를 바탕으로 실전에서 활용할 수 있는 효과적인 투자 노하우를 담은 책이다. 1장에는 저자의 생생한 투자 실패담과 많은 주식 투자자들이 실패하는 이유에 대해, 2장에는 주식 투자에 밑바탕이 되는 기본 지식 공부법과 습관에 대해 설명한다. 그리고 3장부터 본격적으로 주식 투자에 필요한 용어 설명, 공시 보는 법, 손익계산서 계산법, 재무제표 분석법, 사업계획서 읽는 법, 기업의 적정 주가 구하는 법 등 투자에 필요한 실질적인 노하우를 6장까지 소개하고 있다. 마지막 부록에는 저자가 실제 투자를 위해 분석한 기업 7곳의 투자노트가 담겨 있다.

노마드 비즈니스맨

이승준 지음 | 15,000원

경쟁하지 않고 이기는 최고의 전략,
시간을 팔아서 돈을 벌지 말고,
나 대신 돈을 벌어줄 플랫폼을 구축하라!

다들 돈과 시간에서 자유로운 삶을 꿈꾼다. 하지만 이는 희망사항일 뿐 연봉은 적게 받고 일은 더 많이 하는 게 현실이다. 이 책은 직장 생활을 하지 않아도 충분한 돈을 벌고 자신이 원하는 삶을 살아가는 방법, 즉 '노마드 비즈니스맨'이 되는 방법을 알려준다. 7년간 노마드 비즈니스로 일하며 일주일에 3~4시간 일하고 월 1억 원 이상을 버는 저자가 네이버 카페, 책, 유튜브, 카카오스토리, 페이스북 등 다양한 SNS를 통해 노마드 비즈니스를 실천할 수 있는 구체적인 방법을 소개한다. 또한 독자 개인의 성향에 맞는 노마드 비즈니스를 찾을 수 있도록 안내해준다.